Gdzie można dostać ten poradnik:
(w tym pełny, darmowy PDF)

www.ace5handbook.com
www.etcontacthub.com
Amazon

Copyright © 2022

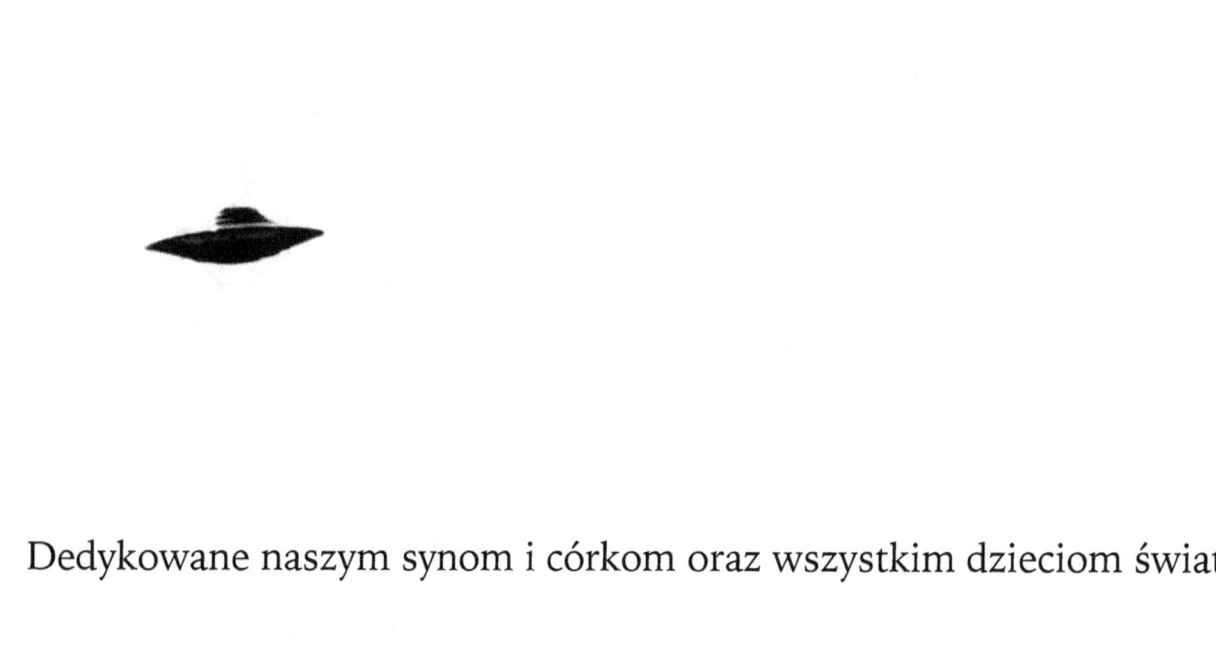

Dedykowane naszym synom i córkom oraz wszystkim dzieciom świata.

Podziękowania:
Dzięki! Dla naszego zespołu z Calgary, który przez wiele lat współtworzył i wnosił swój wkład. Również dziękujemy wielu innym kontrybutorom, szczególnie naszemu współautorowi i edytorowi Markowi Koprowskiemu z CE-5 Tokio i Deb Warren z OCSETI (Okanagan CSETI), naszej zaufanej i doświadczonej mentorce. Również bardzo dziękujemy Annie Kasprzak, naszej utalentowanej i profesjonalnej tłumaczce, której energia i zaangażowanie bardzo wzbogaciły ten projekt! (https://www.fiverr.com/annakasprzak/) Jesteśmy bardzo wdzięczni za każdą pomoc, którą otrzymaliśmy- współpraca z Wami wszystkimi sprawiła, że tworzenie tego poradnika było przyjemnością.

SPIS TREŚCI

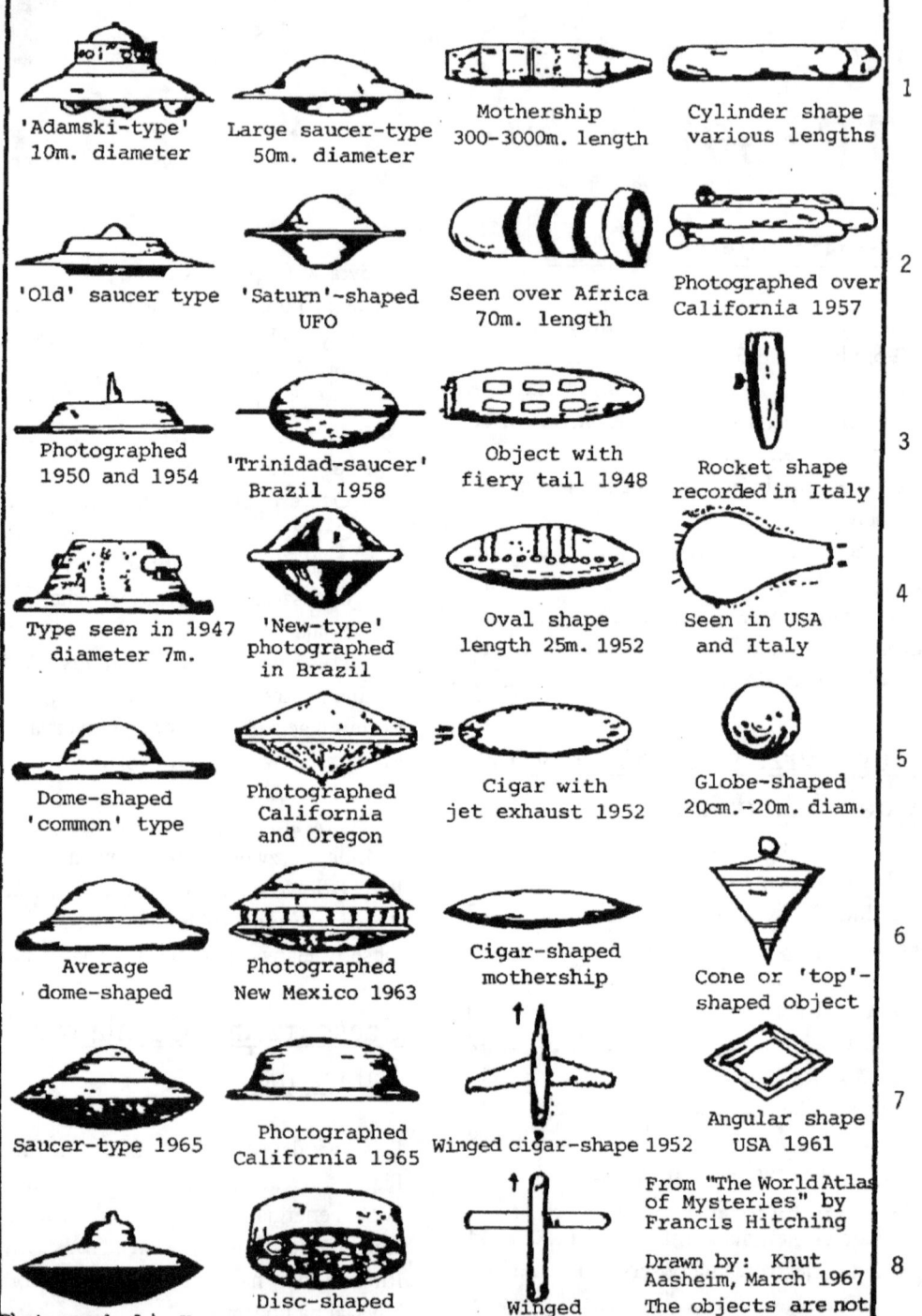

A — B — C — D

1

'Adamski-type'
10m. diameter

Large saucer-type
50m. diameter

Mothership
300-3000m. length

Cylinder shape
various lengths

2

'Old' saucer type

'Saturn'-shaped
UFO

Seen over Africa
70m. length

Photographed over
California 1957

3

Photographed
1950 and 1954

'Trinidad-saucer'
Brazil 1958

Object with
fiery tail 1948

Rocket shape
recorded in Italy

4

Type seen in 1947
diameter 7m.

'New-type'
photographed
in Brazil

Oval shape
length 25m. 1952

Seen in USA
and Italy

5

Dome-shaped
'common' type

Photographed
California
and Oregon

Cigar with
jet exhaust 1952

Globe-shaped
20cm.-20m. diam.

6

Average
dome-shaped

Photographed
New Mexico 1963

Cigar-shaped
mothership

Cone or 'top'-
shaped object

7

Saucer-type 1965

Photographed
California 1965

Winged cigar-shape 1952

Angular shape
USA 1961

8

Photographed in Korea

Disc-shaped
1950

Winged
cylinder-shaped

From "The World Atlas
of Mysteries" by
Francis Hitching

Drawn by: Knut
Aasheim, March 1967

The objects are not
drawn to scale

CZĘŚĆ PIERWSZA:

WSTĘP DO CE-5

CO TO JEST „CE-5"?

"CE-5" jest skrótem w języku angielskim od "Close Encounters of the Fifth Kind", czyli mówiąc po naszemu "Bliskie spotkania piątego stopnia".

Dr J. Allen Hynek, który między 1947 i 1969 rokiem badał niezidentyfikowane obiekty latające (UFO) razem z U.S. Air Force, wymyślił pojęcie "bliskiego spotkania". Oryginalny system klasyfikacji bliskich spotkań Hynek'a miał trzy stopnie, a kolejni badacze tylko poszerzali tę listę. Bliskie spotkania można zasadniczo podzielić na dwie grupy:

- Pierwsze cztery stopnie kontaktu, czyli CE-1, 2, 3 i 4, występują, gdy spotkanie z UFO lub istotami pozaziemskimi (z ang. ET) ma charakter bierny; jest ono przypadkowe albo pośrednie, albo gdy istoty pozaziemskie zainicjują spotkanie. Gdy tak się dzieje, często jest to poza naszą kontrolą.

- Z drugiej strony, CE-5 występuje wtedy, gdy ludzie aktywnie inicjują kontakt oraz gdy podtrzymują pokojową dwustronną komunikację z istotami pozaziemskimi.

"Jak wygląda CE-5?" Mogłoby to wyglądać różnie, ale w większości przypadków CE-5 występuje, gdy jedna osoba lub kilka osób gromadzi się, aby medytować i wysłać wiadomość do naszych przyjaciół pozaziemskich. Wiadomości wewnętrzne i zewnętrzne są odbierane z powrotem. CE-5 odbywają się najczęściej w terenie pod gwiazdami, aby umożliwić świadkom wielokrotne obserwowanie UFO.

Kiedy Hynek zaczął swoje badania nad UFO, był bardzo sceptyczny. Jednak w miarę zagłębiania się w ten temat, nabrał przekonania, że nie każde UFO może zostać wyjaśnione. Pod koniec swoich wieloletnich badań wygłosił śmiałe stwierdzenie dotyczące inteligencji pozaziemskiej (z ang. ETI) i inteligencji wielowymiarowej (z ang. EDI): "Istnieją wystarczające dowody, aby bronić obu."

WITAMY W „PORADNIKU CE-5!"

Naszym zamiarem jest dostarczenie Tobie praktycznego poradnika, który łatwo zastosować i który będziesz mógł wziąć ze sobą w teren, żeby skontaktować się z naszą Gwiezdną Rodziną.

Dlaczego warto nawiązać kontakt? Możesz być zaskoczony, że celem komunikacji z istotami pozaziemskimi nie jest obserwacja wzrokowa ani próba zbawienia świata. Ten niesamowity dialog jest tak naprawdę prezentem poszerzenia swojej własnej świadomości.

W tym kontekście widzenie statków lub wykorzystywanie wolnej energii jest nieistotne! Ale, faktycznie, te rezultaty będą się naturalnie objawiać jako produkt uboczny naszej ewolucji.

Każdy z Was ma swoją własną drogę do znalezienia "większego" siebie. Wybierz proponowane tutaj metody i niech one pobudzą Twoją inspirację do stworzenia swojego własnego przepisu na kontaktowanie się.

Mamy nadzieję, że razem z naszymi pozaziemskimi przyjaciółmi, będziesz czerpać radość z tworzenia obfitych, ekscytujących i podnoszących na duchu doświadczeń.

Poszerzanie świadomości jest świetną zabawą.

Baw się dobrze!

HISTORIA CE-5

W 1973 roku Dr Steven Greer wraz z kilkoma istotami pozaziemskimi utworzył protokoły kontaktu CE-5. Istoty podzieliły się z Greer'em znaczeniem nauczenia ludzi tego protokołu, czym zaczął się zajmować na poważnie kilkadziesiąt lat później. Kontakt zainicjowany przez człowieka istnieje poza protokołem, który został mu przekazany. Oto kilka przykładów:

- Na przestrzeni dziejów szamani rdzennych kultur z całego świata mają płynny kontakt z istotami pozaziemskimi.

- 15 marca 1954 roku grupa poszukiwaczy wysłała telepatyczną wiadomość w przestrzeń kosmiczną, wyznaczając tamten dzień jako "Światowy dzień kontaktu". Od tamtej pory odbyli wiele sesji i przypisują temu dniu wzrost zaobserwowanej liczby UFO.

- W latach 60. hipisi w USA i Wielkiej Brytanii wysłali i otrzymali wiadomości od istot pozaziemskich.

- W 1974 roku Sixto Paz Wells i grupa peruwiańska "Rahma" zaczęła wysyłać i otrzymywać komunikaty, włączając w to zaproszenie międzynarodowej prasy na zaplanowane z wyprzedzeniem wydarzenia w celu potwierdzenia i zrelacjonowania zaobserwowania UFO przez wielu świadków.

W 1990 roku Dr Greer założył grupę CSETI (Centrum badań nad inteligencją pozaziemską). Na przestrzeni wielu lat Dr Greer, za pośrednictwem owej grupy oraz jednoczącej organizacji Kosta Makreasa, znanej po angielsku jako "The People's Disclosure Movement", wdrożył i nauczał protokołów kontaktu. Dzięki temu nazwa "CE-5" obiegła cały świat. Wiele różnych grup będąc zainspirowane CE-5, nawiązuje kontakt lub też robi to na swój sposób. Nikt nie wie, ile osób, czy też grup regularnie uczestniczy w CE-5 na świecie, ale uważa się, że chodzi o tysiące … a ta liczba ciągle rośnie.

Oryginalny protokół obejmuje połączenie ze świadomością jednego umysłu i zdalne postrzeganie do wizualizacji wektorowania twojej lokalizacji w istotach pozaziemskich, aby pokazać im, gdzie się znajdujesz. Odtwarzane są dźwięki, które zostały zarejestrowane w czasie innych obserwacji (takich jak kręgi zbożowe) oraz używane są lasery astronomiczne i innego rodzaju urządzenia. Dr Green byłby pierwszą osobą, która powiedziałaby, że nie trzeba przeprowadzać CE-5 według jego sposobu rozumienia czy wzoru. Podążanie za czyimiś wskazówkami słowo w słowo nie ma nic wspólnego z tym, czy nawiążesz kontakt, czy też nie. Dokonasz tego, kiedy będziesz na to gotowy i zrobisz to na swój sposób. Najważniejszą rzecz, jaką można wyciągnąć z tej książki jest to, że odkrycie najlepszego protokołu następuje, gdy podążasz za swoim własnym przewodnictwem i dostosowujesz go do własnych potrzeb.

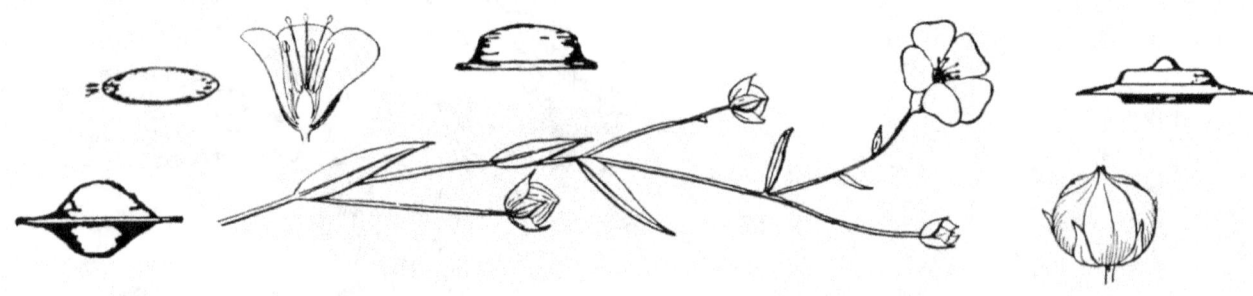

"Sixto i Kosta są fajnymi imionami. Chcę dowiedzieć się o nich więcej."
Zobacz "Kto jest kim w tym zoo" na końcu tej książki i sprawdź biografie ważnych osób CE-5.

"Z KIM się kontaktujemy?"
Istotami pozaziemskimi? Niebiańskimi bytami? Duchami? Jednostkami energetycznymi?

Stare paradygmaty zakładały, że kontaktujemy się z fizycznymi kosmitami latającymi fizycznymi statkami. Może być w tym trochę prawdy: niektóre istoty pozaziemskie mogą przyjmować wymiar fizyczny, w takim sensie, w jakim rozumiemy naszą rzeczywistość 3D. Jednak możemy logicznie wywnioskować z obserwacji, doświadczeń i zjawisk odnotowanych w historii ufologii, że wiele istot pozaziemskich, jeśli nie wszystkie, ma zdolności międzywymiarowe. Mogą kojarzyć się lub nawet być niefizycznymi istotami lub duchem/źródłem. Jakikolwiek nie byłby to przypadek, wiemy, że kontaktujemy się z dobrotliwymi istotami, które są głównie zainteresowane poszerzaniem ludzkiej świadomości, a najważniejszą rzeczą, którą wnoszą do naszego dialogu jest miłość. Skąd to wiemy? Wszystkie nasze wewnętrzne i zewnętrzne doświadczenia były pozytywne i nie "otrzymujemy" obserwacji, jeśli my sami nie przychodzimy z miejsca pełnego miłości.

"Co, jeśli się mylisz?" Jeśli nie komunikujemy się z dobrotliwymi bytami, to jedynym wyjaśnieniem naszych doświadczeń jest to, że indywidualnie lub jako grupa, my, ludzie, mamy umiejętność urzeczywistnienia tego, co chcemy lub czego oczekujemy. Jeśliby tak istotnie było, co to oznacza? Że nie możemy manifestować tych niesamowitych rzeczy bez miłości oraz że jesteśmy w procesie określania naszego potencjału. To jest równie świetne!

HISTORIA GRUPY CE-5 Z CALGARY

W 2013 roku obejrzałam z przyjacielem dokument, pt. "Sirius". Byliśmy bardzo podekscytowani tym, że utworzyliśmy grupę CE-5. Nasze pierwsze wyjście przypadło na letni dzień z czystym, błękitnym niebem. Wyjątkiem był jeden mały kłębek chmur, na który zwróciłam uwagę grupie i powiedziałam: "Czy nie wygląda on, jak słowo 'cześć'?". Wszyscy się roześmialiśmy i wróciliśmy do naszej medytacji. Powinniśmy byli zrobić zdjęcie! Teraz wierzę, że było to subtelne powitanie naszych gwiezdnych przyjaciół. Przez trzy lata mieliśmy wewnętrzne doświadczenia. Czasami pojedyncza osoba była w stanie zobaczyć nietypowe zjawisko. Byliśmy sfrustrowani, że nie doświadczyliśmy wielokrotnych obserwacji przy świadkach. Potem, kilkoro z nas pojechało do Mt. Shasta na odosobnienie zorganizowane przez niepowtarzalnego i wspaniałego Kosta Makreas. Cóż za zdumiewające doświadczenie kontaktu! Kiedy wróciliśmy, wiedzieliśmy już lepiej, czego szukać na niebie. Od tamtego momentu, ostatni rok był wspaniałym pokazem: (ułożone w kolejności rosnącej niezaprzeczalności)

- Wiele "domniemanych meteorytów" (główną anomalią była ich duża ilość, szczególnie biorąc pod uwagę, że nasze noce nie przypadały na noce deszczu meteorów).

- Wiele "domniemanych satelitów". Niektóre z nich migotały, migały i/lub rozbłyskiwały.

- Nietypowo mieniące się kolory w gromadzie gwiazd Plejady.

- Światło jaśniejsze od planety, które pokazało się pośród chmur. Kiedy chmura się rozproszyła, światło zniknęło.

- Wiele "fleszy", jak i seria "fleszy" (małe błyski światła przypominające lampę błyskową od aparatu- przejdź do słowniczka, aby sprawdzić nowe pojęcia i terminy). Dwa razy zaobserwowaliśmy, jak ponad 50 z nich kolejno przemierzały niebo.

- Cztery bardzo jasne i nisko lecące światła. Jedno na tyle nisko, że było w stanie przejść przez chmurę i ją oświetlić (obserwowaliśmy, jak wszystkie zwolniły i prawie całkowicie się zatrzymały na granicy horyzontu).

- Duże ciało niebieskie, które wolno spadało, tak jak piórko opadające na ziemię.

- Bardzo jasne światło, które się poruszyło, zatrzymało, poruszyło i znów zatrzymało, a później bardzo szybko oddaliło.

Jesteśmy naprawdę podekscytowani, aby zobaczyć, co będzie dalej. Te trzy suche lata były dla nas niezbędne - musieliśmy jeszcze wiele zrobić, zanim byliśmy gotowi na obserwacje wizualne. Nie myśl, że zajmie to tyle czasu, abyś coś zobaczył! Ostatnio obserwacje były częstsze i był do nich łatwiejszy dostęp. Ludzie, którzy do nas dołączają, doświadczają obserwacji już podczas ich pierwszej nocy w terenie. Jeśli wdrożysz wskazówki podane w tym poradniku, to wierzymy, że doświadczysz obserwacji w ciągu sześciu wypadów.

Cielia i grupa CE-5 z Calgary

KLUCZOWE ELEMENTY

To zależy od Ciebie, czy będziesz stosował się do protokołów CSETI.
Cokolwiek postanowisz, do nawiązania kontaktu konieczne są trzy kluczowe elementy:

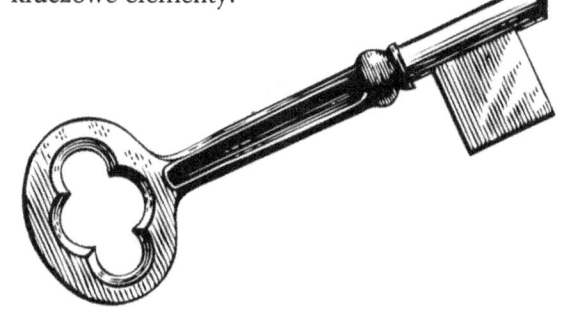

1. Połączenie ze świadomością jednego umysłu

2. Szczere serce

3. Jasna intencja

1. POŁĄCZENIE ZE ŚWIADOMOŚCIĄ JEDNEGO UMYSŁU

Będziesz musiał połączyć się ze Źródłem zarówno w twoim życiu codziennym, jak i podczas CE-5. Jeśli jesteś liderem grupy, będziesz zachęcał inne osoby, aby osiągnęły stan jedności ze wszystkim, co jest. Oto kilka technik, dzięki którym nauczysz siebie i innych, jak uzyskać dostęp do Uniwersalnej Jedności:

- Zacznij od uświadomienia sobie własnej świadomości i rozprzestrzeniaj ją, łącząc się ze świadomością wszystkich i wszystkiego tego, co znajduje się w pobliżu…trawa, drzewa, inni członkowie grupy, mieszkańcy dzielnicy, osoby jeżdżące po ulicy. Pozwól swojej świadomości rozszerzyć się do ich i wyobraź sobie, co czują idąc przez swoje życie.

- Odetnij się od swojej indywidualnej świadomości. Spójrz na siebie z perspektywy oka ptaka. Bądź większą świadomością, która wykracza poza indywidualną. Oglądaj siebie z góry. Nazwij się: "Oto Jason siedzący ze swoją grupą. Wygląda na to, że dobrze się bawi!".

- Poszerz granice tego, kim jesteś na tyle, aby twoje całe ciało było w stanie pomieścić wszechświat. Ty jesteś wszechświatem. Wszystkie gwiazdy, galaktyki, mgławice i planety istnieją w twoich ramionach, nogach, tułowiu i głowie. Wyobraź sobie, jak rodzą się i umierają gwiazdy, życie na innych planetach, wielkie ruchy układów słonecznych… i dołącz do tego międzygalaktyczny ruch kosmiczny!

- Nie ma czegoś takiego jak przeszłość i przyszłość. Wszystko jest chwilą obecną. Jeśli wszystko jest chwilą obecną, a każdy moment dzieje się symultanicznie ORAZ jeśli reinkarnacja jest prawdziwa, czy nie byłoby możliwe, że każda osoba, którą spotkasz jest wersją ciebie, ale przeżywającą inne życie? Wyobraź sobie, jak to jest być inną osobą z twojej grupy. Wyobraź sobie, że kiedy na nich spoglądasz, to w tym samym momencie patrzysz w lustro.

- Wizualizuj siebie jako istotę połączoną ze wszystkim. Czy niewidzialne nici łączą cię od serca do serca? Sznur w twoim splocie słonecznym? Zobacz przedłużenie siebie łączące się z wszystkimi innymi formami życia we wzajemnie połączonej sieci światła.

- Pamiętaj, że energia nigdy nie umiera i że każde działanie łączy cię ze światem i ze wszystkimi wokół ciebie. Pomyśl o efekcie motyla.

- Pamiętaj, że gdybyś nie istniał, nic z tego nie mogłoby istnieć. Naprawdę. Jesteś integralną częścią całości.

- Jesteś częścią Boga/Źródła/Kosmosu/Wszechświata/Wszystkiego tego, co jest/Stwórcy. Co widzisz lub czujesz patrząc przez swoje własne oczy i wiedząc to, co już wiesz? Jak by to było być Bogiem (itp.), patrząc swoimi oczami?

- Po prostu bądź. Wycisz się i pozwól, aby wszelkie myśli, które się pojawią, po prostu odpłynęły. Oddychaj. Popadnij w pustkę, doceń i poczuj miłość.

Bardzo pomocne dla twojej praktyki z CE-5 jest regularne łączenie się z jedną świadomością, żeby nabrać doświadczenia w wejściu w ten stan umysłu. Jeśli jeszcze nie rozpracowałeś te techniki, nie męcz się nad nimi. Znamy pewne osoby, które miały problemy z medytacją i wizualizacją, jednak ich miłe, pokorne i wdzięczne duchy połączyły je ze świadomością jednego umysłu w niezachwiany sposób tak, że może przysłania to okresową, świadomą intencję.

2. SZCZERE SERCE

Podejdź do tego z intencją miłosną

Nic do udowodnienia

Bądź prawdziwy

3. JASNA INTENCJA

Dlaczego to robisz?

- Aby ułatwić swój własny rozwój
- Aby pozwolić i otrzymywać uzdrowienia
- Aby podnieść człowieczeństwo
- Inicjatywa dyplomatyczna
- Aby napełnić się/dać sobie nadzieję
- Aby otrzymać prezent obserwacji wizualnych
- Potwierdzenie, że nie jesteśmy sami
- Dokumentacja dowodów
- Prośba o interwencję kosmiczną
- Pokazać chęć i gotowość przejścia do następnego etapu kontaktu
- Aby szybciej zmierzać w kierunku urządzeń wolnej energii i wolności dla ludzkości
- Aby pomóc ustabilizować i przynieść harmonię Ziemi
- Aby podjąć działania zmierzające do stworzenia lepszego świata dla naszych dzieci
- Aby mieć z tego zabawę!
- Itp.

Sprecyzuj swoją intencję zanim zaczniesz i kontynuuj precyzowanie jej w miarę upływu czasu. Może się ona zmieniać podczas CE-5 albo w twoim codziennym życiu. Możesz mieć kilka intencji w tym samym czasie.

Intencje podczas CE-5:
Kiedy zaczynasz CE-5, określ na noc intencję z grupą, jako część twojego otworzenia. Możesz przejść się wokół i poprosić ludzi, aby podzielili się swoją unikalną intencją lub możesz poprosić kilku ochotników, aby zabrali głos i przedstawili intencję grupową, na którą wszyscy mogą się zgodzić.

Podczas procesu kontaktowania się, możesz również zmieniać lub dodawać pewne rzeczy. Na przykład, jeśli obserwujesz domniemaną satelitę, możecie połączyć swoje umysły i serca jako grupa oraz poprosić o zmianę kierunku, power-up lub zbliżenie się statku. Jeśli na przeszkodzie stoją wam chmury, możecie spróbować razem czynności, która je rozbije. Możecie również poprosić o to, by ustąpiły komary lub by grupa poczuła się cieplej. Możecie również zechcieć przeprowadzić grupowe uleczenie jakiejś osoby. Przedstawienie intencji jako grupa, raptownie wzmacnia tę intencję. Jeśli chciałbyś dowiedzieć się na ten temat więcej, odwołaj się do naukowo przeprowadzonych i potwierdzonych badań na temat tego, jak MT (medytacja transcendentalna) obniża wskaźniki przestępczości w miastach nawet o 70%.

Kiedy skończycie swoją pracę w terenie, określcie intencje na okres następujący po CE-5, przypominając sobie nawzajem, aby mieć otwarte oczy i inne zmysły na potencjalną komunikację w drodze do domu, w stanie snu i w kolejnych dniach.

> *"Co to jest Power-up?"*
> Aby uzyskać definicję tego pojęcia, jak i innych nieznanych terminów, zapoznaj się ze słowniczkiem na końcu tej książki.

INNE POMOCNE ELEMENTY

Pierwsze trzy składniki kontaktu to podstawowe zasady, które wynikają z doświadczenia Dr. Greera. Poniżej znajduje się kilka dodatkowych elementów zwiększających kontakt, które pochodzą z naszych własnych, praktycznych umiejętności.

- Wibracje

- Spójność i kohezja

- Wiara

POZYTYWNE WIBRACJE

Jeśli zaakceptujemy, że cała rzeczywistość działa według hierarchii wibracji, z wyższymi i niższymi gęstościami energetycznymi, wymiarami lub stanami świadomości rozciągającymi się na rozległym kontinuum, uznamy, że istoty pozaziemskie, wniebowstąpieni mistrzowi, byty anielskie i inne istoty zajmują wyższą sferę wibracyjną niż nasz ograniczony, materialny świat 3D. Ponieważ wibrują one z wyższą częstotliwością niż my, ludzie, to istnieją poza naszym naturalnym zakresem percepcji. W pewnym sensie jesteśmy ślepi na ogromną część kosmicznej dzikiej przestrzeni. Ale nie jesteśmy całkowicie zablokowani. Dobrą wiadomością jest to, że my również jesteśmy wiecznymi wielowymiarowymi istotami. Jeśli uda nam się przyspieszyć naszą własną częstotliwość wibracyjną, starając się podnieść lub dopasować nasze własne wibracje energetyczne do wibracji istot pozaziemskich, mamy większą szansę, aby zobaczyć siebie nawzajem i nawiązać prawdziwą i dostrzegalną więź. Lyssa Royal Holt kwalifikuje ten pożądany stan jako "wspólną płaszczyznę".

Jak podnieść swoją wibrację

Podczas CE-5, twoja energetyczna częstotliwość może wzrosnąć na parę sposobów:

- Bądź świadom swojego eterycznego ciała, wyższego ja i wszystkich swoich aspektów poza rzeczywistością 3D.

- Bądź wesoły, a istoty pozaziemskie również będą wesołe względem ciebie. Dołącz więc do zabawy.

- Utrzymaj lekki i szczęśliwy nastrój CE-5.

- Zrelaksuj się. Możesz coś zobaczyć lub nie zobaczyć podczas swojego następnego CE-5, ale będzie to również rozwój.

- Wdzięczność jest najszybszym sposobem, aby podnieść swoje wibracje. Bądź wdzięczny za swoje towarzystwo, noc, gwiazdy, bezkres, życie, fajne wskaźniki laserowe.

- Bądź sobą. Jesteś otoczony podobnymi do ciebie pozytywnymi świrami, więc śmiało możesz się trochę wyluzować.

- Bądź senny. Wejdź w stan fal mózgowych Theta.

- Podczas przygotowań do CE-5 medytuj w grupie lub indywidualnie. Ogólnie, dużo medytuj.

- Przypomnij wszystkim, że nie jesteśmy tylko fizycznymi istotami, ale jesteśmy wieczni i duchowi z wieloma aspektami samego siebie. Im bardziej rozszerzamy naszą świadomość, tym bardziej będziemy w stanie postrzegać uniwersalnym wzrokiem i doświadczać więcej zjawisk.

- Spodziewaj się, że to się stanie. Jesteś nieskończoną, wieczną istotą i OTRZYMASZ kontakt prędzej czy później.

- Mimo to bądź wyluzowany. Postaraj się nie być rozczarowanym lub zniechęconym, jeśli dziś pozornie nic się nie wydarzy. Chciej przeżyć doświadczenie, ale nie POTRZEBUJ go.

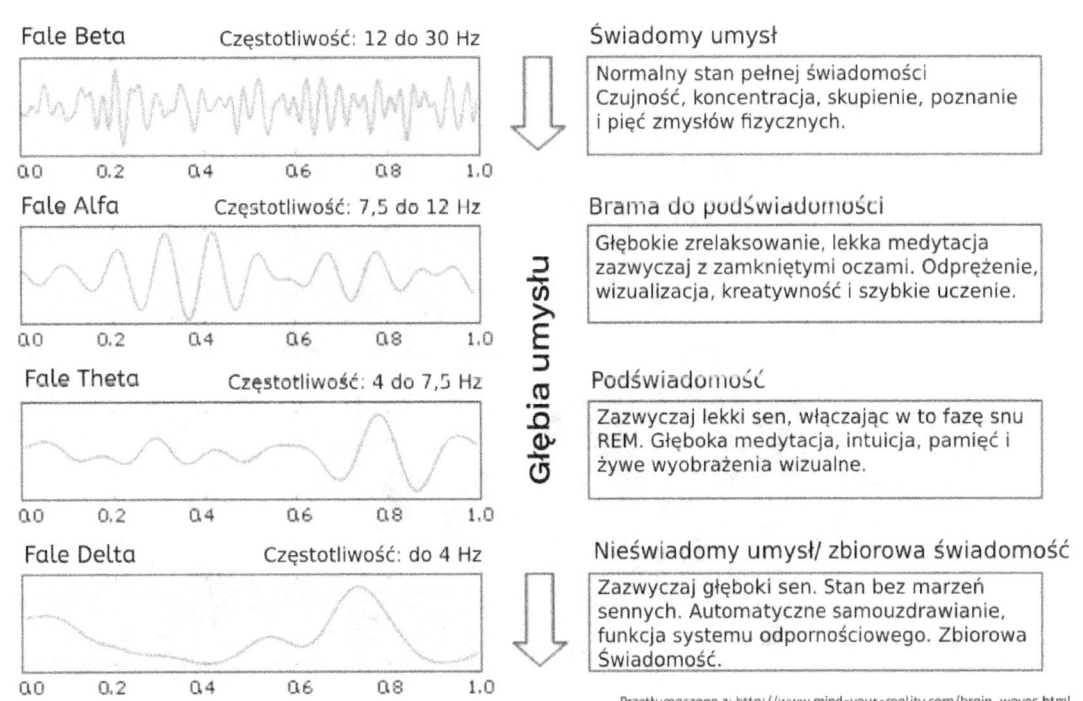

Wykres częstotliwości mózgu EEG

Fale Beta — Częstotliwość: 12 do 30 Hz

Świadomy umysł
Normalny stan pełnej świadomości. Czujność, koncentracja, skupienie, poznanie i pięć zmysłów fizycznych.

Fale Alfa — Częstotliwość: 7,5 do 12 Hz

Brama do podświadomości
Głębokie zrelaksowanie, lekka medytacja zazwyczaj z zamkniętymi oczami. Odprężenie, wizualizacja, kreatywność i szybkie uczenie.

Fale Theta — Częstotliwość: 4 do 7,5 Hz

Podświadomość
Zazwyczaj lekki sen, włączając w to fazę snu REM. Głęboka medytacja, intuicja, pamięć i żywe wyobrażenia wizualne.

Fale Delta — Częstotliwość: do 4 Hz

Nieświadomy umysł/ zbiorowa świadomość
Zazwyczaj głęboki sen. Stan bez marzeń sennych. Automatyczne samouzdrawianie, funkcja systemu odpornościowego. Zbiorowa Świadomość.

Głębia umysłu

Przetłumaczono z: http://www.mind-your-reality.com/brain_waves.html

Podnoszenie wibracji może być tak proste, jak życie z serca:

"Wybierz Miłość.

"W życiu mamy wybór między myślą o miłości lub myślą o strachu.

"Strach jest energią, która kurczy się, zamyka, wciąga, ucieka, ukrywa, gromadzi, krzywdzi.
Miłość jest energią, która rozszerza, otwiera, wysyła, zostaje, ujawnia, dzieli się, uzdrawia.

"Strach owija nasze ciała w ubranie, miłość pozwala nam stać nago.
Strach czepia się i chwyta wszystkiego, co mamy, miłość oddaje wszystko, co mamy.
Strach trzyma blisko, miłość trzyma całym sercem.
Strach chwyta, miłość puszcza.
Strach napełnia goryczą, miłość łagodzi.
Strach atakuje, miłość naprawia.

"Każda ludzka myśl, słowo czy czyn opiera się na jednym z tych dwóch uczuć.
Co do tego, nie masz wyboru, ponieważ nie ma nic innego do wybrania.
Masz jednak nieskrępowany wybór jednego lub drugiego".

—*Rozmowy z Bogiem, Neale Donald Walsch*

Gdy podnosisz swoją własną wibrację i wibrację grupy, wiedz, że wpływasz na świat i wszechświat. Wyobraź sobie, że dzieje się to na tak wielką skalę, gdzie nasze fale mózgowe są wibracją bijącą z planety, docierającą i łączącą się z istotami o wyższej świadomości.

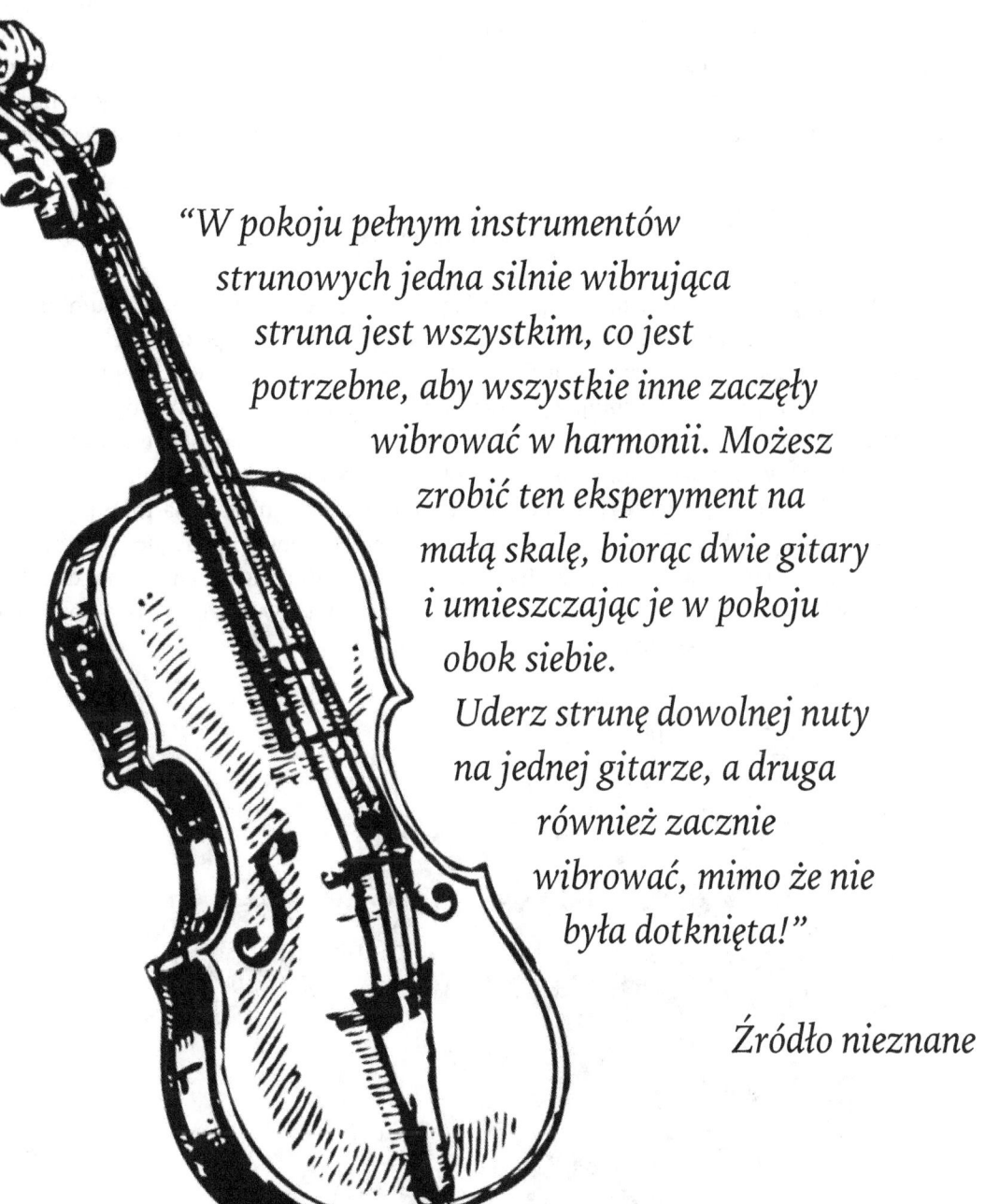

*"W pokoju pełnym instrumentów
strunowych jedna silnie wibrująca
struna jest wszystkim, co jest
potrzebne, aby wszystkie inne zaczęły
wibrować w harmonii. Możesz
zrobić ten eksperyment na
małą skalę, biorąc dwie gitary
i umieszczając je w pokoju
obok siebie.
Uderz strunę dowolnej nuty
na jednej gitarze, a druga
również zacznie
wibrować, mimo że nie
była dotknięta!"*

Źródło nieznane

GRUPOWA SPÓJNOŚĆ I KOHEZJA

Poziom doświadczanego kontaktu przez grupę, często będzie proporcjonalny do spójności i kohezji jej wysiłku.

<u>Spójność</u> obejmuje dzielone i wspólne wartości, zamiary i cele.

> Wszyscy w grupie mają zasadniczo takie samo zdanie na temat tego, co robią i dlaczego się tam znajdują. Nie ma sprzecznych wiadomości. Istoty pozaziemskie będą bardziej otwarte i zdolne (na poziomie wibracyjnym i energetycznym) do odpowiedzenia i komunikowania się z grupą, która jest zjednoczona w swoim zamiarze i wiadomości oraz która może podnieść swoją własną częstotliwość poprzez zbiorową projekcję silnego poczucia pokoju, miłości, dobrej woli i życzliwości. Niech te pozytywne wibracje i intencje obficie wypłyną z twojej grupy, aż do kosmosu. Istoty pozaziemskie będą w stanie to wychwycić i odpowiedzieć w ten sam sposób.

<u>Kohezja</u> ma związek z tym, jak dobrze zespół funkcjonuje razem jako jednostka.

> Jeśli w twojej grupie brakuje organizacji, poczucia porządku, istnieje wewnętrzny konflikt lub napięcie, rezultat dotyczący kontaktu może na tym ucierpieć. Załóżmy, że istoty pozaziemskie zdalnie przeskanują twój zespół i zobaczą, co jest na rzeczy. Jeśli wyczują niezgodę, negatywność, nieprzyjemne wibracje lub zespół, który działa w sposób niechlujny, niezgrabny i nieprzygotowany, mogą być niechętni do zbliżenia się. W rzeczywistości, z perspektywy wibracji, mogą nawet nie być w stanie się zbliżyć. Grupy kontaktowe, które wykazują się dobrą pracą zespołową, współpracą, współdziałaniem, uczciwością i wzajemnym szacunkiem, prezentując jednocześnie silne poczucie miłości, harmonii, pokoju i dobrej woli, w naturalny sposób odniosą większy sukces. Postaraj się zebrać i pielęgnować zespół, który działa sprawnie i skutecznie tak, jak jedna szczęśliwa rodzina. To może zająć trochę czasu, cierpliwości i licznych wypadów w związku z nawiązaniem kontaktu, ale z tego wynikną głębsze i bardziej satysfakcjonujące poziomy kontaktu.

Jak wzmocnić spójność i kohezję:

- Przed pracą w terenie, dostarcz podstawowe informacje dla nowo przybyłych. Nowe osoby muszą wiedzieć, czego mogą oczekiwać (daj im ten poradnik!).

- Wprowadź nowych ludzi z prawdziwym poczuciem powitania i ciepła.

- Jeśli masz dużą grupę, poproś wszystkich o noszenie plakietek z imionami.

- Jeśli w grupie są nowi uczestnicy, możesz wprowadzić zabawne ćwiczenia przełamujące pierwsze lody.

- Kiedy zaczynasz CE-5, poświęć trochę czasu, aby pobyć z każdą osobą przed zawieszeniem swoich oczu na niebie (jest to łatwiejsze do zrobienia przed zapadnięciem zmroku).

- Zadawajcie sobie nawzajem pytania, poznawajcie się i starajcie się słuchać tyle samo, ile mówicie.

- Bądźcie kochający i tolerancyjni.

- Uśmiechajcie się i przytulajcie!

- Przed pracą w terenie lub pomiędzy wydarzeniami dotyczącymi kontaktu, zjedzcie wspólnie posiłek. Imprezy składkowe naprawdę pomogły naszej grupie wzmocnić jej spójność.

- Zaakceptuj doświadczenia innych ludzi i ich sposób postrzegania rzeczywistości, bez względu na to, jak dziwacznie to brzmi.

- Staraj się być szczerze podekscytowany, gdy inni doświadczają obserwacji lub mają ciekawe doznania, nawet jeśli czujesz się o to zazdrosny.

- Róbcie grupowe zdjęcia (ale szanujcie tych, którzy będą chcieli zachować prywatność).

- Otwórz i zakończ pracę w terenie trzymając się za ręce; połączcie razem swoje energie (jeśli będzie zimne powietrze lub jeśli będą komary, niech to będzie krótka czynność).

- Jako część wydarzenia dotyczącego nawiązywania kontaktu, w zależności od lokalizacji, rozważ zwiedzanie tego miejsca razem z grupą. Dodaj do tego jakieś kolejne przygody!

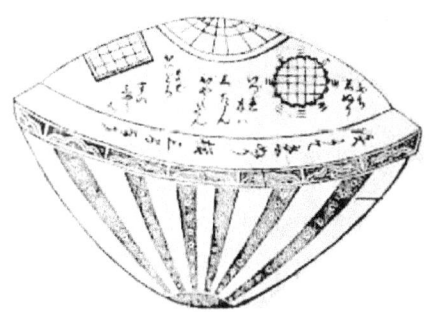

Trzech gości patrzy na "Utsuro-bune," czyli japońskie UFO.
Obserwacja z 1803 r., rysunek z 1843 r.

Praca zespołowa i liderowanie

Praca zespołowa jest bardzo ważnym elementem kohezji. Wydaje się, że wzrost liczby obserwacji jest skorelowany, gdy ludzie dzielą się pracą. Każdy może wnieść swój wkład w jakiś sposób. Bycie skutecznym liderem, który może to ułatwić, jest ważne! Muszę przyznać, że na początku bycie liderem grupy było dla mnie onieśmielające. To dobre miejsce, aby się rozwijać.

Mark Koprowski z CE-5 Tokio jest liderem dyrektywnym, od którego się uczę. Wniósł on znaczący wkład do tego poradnika i doceniam jego lata doświadczeń i mądrości. Oto niektóre z jego punktów działania w zakresie pracy zespołowej i kohezji.

- Podziel pracę i przydziel zespołowi role (np. koordynator w terenie, fotograf, kamerzysta, osoba wskazująca laserem, laską szałwii, kadzidłem, rejestrator dźwięku, osoba obserwująca przez lornetkę, doradca wydarzeń niebiańskich, ochroniarz miejsca) i upewnij się, że każdy wie, co, kiedy i jak ma robić. Postaraj się, aby każda osoba czuła się częścią zespołu poprzez przydzielenie jej jakiejś roli lub zadania, nieważne jak małego. Nawet jeśli będzie to oznaczało, że jeden iPhone przypadnie na dziesięciu fotografów- w porządku. Możesz również przydzielić kilka ról jednej osobie, jeśli Twoja grupa jest niewielka.

- Aby utrzymać poczucie jedności i kohezji grupy, idealnie, podczas pracy w terenie powinna toczyć się tylko jedna rozmowa w tym samym czasie. Jeśli ktoś ma coś do powiedzenia, powinien mówić na tyle głośno, aby wszyscy go słyszeli. Z wyjątkiem przerw, unikaj prywatnych rozmów, jeśli to możliwe.

- Aby zrównoważyć męską i żeńską energię, męscy i żeńscy członkowie powinni być posadzeni na przemian w kręgu kontaktowym: mężczyzna, kobieta, mężczyzna, kobieta itd.

Mój styl liderowania jest bardziej swobodny. Wiem, że czeka mnie praca nad byciem trochę bardziej asertywną. Oto porady, które zebrałam na swojej drodze:

- Delikatnie trzymaj w ryzach osoby dużo mówiące i zachęcaj te, co mówią mniej (upewnij się, że nie jesteś jednym z tych nadmiernie gadatliwych! Ekstrawertyczni liderzy często mają klapki na oczach).

- Obserwuj i postępuj zgodnie z wolą grupy.

- Pracuj nad zdobyciem pewności siebie jako lider i przełamywaniem niepewności.

- Zapytaj ludzi, gdzie chcą iść, co chcą robić.

- Daj wybór: czasami pytania otwarte są zbyt otwarte.

- Kiedy ktoś coś zasugeruje, idź za ciosem. Jeśli nie da się tego zrealizować, wciel to innym razem.

- Zapytaj, czy ktoś chciałby wybrać/poprowadzić medytację, uruchomić sprzęt, zadzwonić dzwonkiem itp.

Przypomnij grupie, że praca zespołowa jest częścią kohezji, która przynosi ze sobą obserwacje. Jeśli są zbyt nieśmiali, żeby wziąć w tym udział to nic nie szkodzi, po prostu nie bierz na siebie zbyt wiele, aby nie dać się przytłoczyć i nie mieć do siebie pretensji. Nie musisz poprowadzić idealnego spotkania ze wszystkimi bajerami. Wzrost i obserwacje zdarzają się przy bardzo prostej agendzie i bez sprzętu. Jako lider musisz się upewnić, że czerpiesz z tego przyjemność i wibrujesz z wysoką częstotliwością, więc bierz tylko tyle, ile jesteś w stanie udźwignąć.

<u>Słowo na temat narkotyków, alkoholu i broni</u>

Punkt widzenia Marka:

"Użycie lub posiadanie alkoholu, narkotyków lub broni jest generalnie odradzane. Tak samo jak nie wziąłbyś narkotyków czy broni na dyplomatyczne spotkanie wysokiego szczebla w ONZ, nie wziąłbyś lub nie użyłbyś ich również w czasie wydarzenia nawiązywania kontaktu z naszymi międzygwiezdnymi gośćmi. Jako ambasadorowie we wszechświecie, jasne poczucie stosowności, dobre maniery, szacunek i podstawowy profesjonalizm muszą być przestrzegane, jeśli naszym zamierzonym celem jest nawiązanie kontaktu i komunikacja. Wyobraź sobie, że istoty pozaziemskie będą w stanie zdalnie przeskanować twoją grupę i natychmiastowo zobaczyć, czy ktokolwiek jest pod wpływem substancji lub "na haju", czy jest potencjalnym niebezpieczeństwem lub zagrożeniem. Ci "pod wpływem" stracą w sposób naturalny jakiś poziom samokontroli fizycznej, umysłowej, emocjonalnej, a w trosce o bezpieczeństwo, możesz być pewien, że istoty pozaziemskie nie zbliżą się do ciebie, a już na pewno nie za blisko. A jeśli celem pracy nad kontaktem jest dzielenie się i ujawnianie swoich niesamowitych doświadczeń i przygód z innego świata przyjaciołom, rodzinie lub opinii publicznej, to jak wiarygodnie będziesz brzmiał, jeśli ty lub inni będziecie pod wpływem substancji odurzających lub będziecie "odlatywać"? Jako dyplomaci obywatelscy powinniśmy zrobić wszystko, co w naszej mocy, by stworzyć pozytywną, przyjazną i bezpieczną przestrzeń dla naszych galaktycznych gości. To oznacza wyjście w teren jako osoba całkowicie świadoma, uważna, trzeźwa, nie posiadająca broni. Natomiast z perspektywy czysto wibracyjnej, narkotyki, z dużym prawdopodobieństwem, namieszają w twoim polu energetycznych i zmniejszą częstotliwość przez co mógłbyś stać się celem istot negatywnych skupionych tylko na sobie. To jeden z powodów, dlaczego James Gilliland zakazuje każdego rodzaju narkotyków na swoim ranczo".

Zgadzam się z Markiem. Nigdy nie mieliśmy nikogo, kogo przyciągnęłaby nasza grupa, a byłby pod wpływem środków odurzających w czasie nawiązywania kontaktu (na tyle o ile wiem!). Nie mogę sobie wyobrazić, jak coś takiego miałoby pomóc w duchowych lub naukowych sprawach. Może wyjątkiem byłaby sytuacja, gdybyś używał substancji w święty sposób jako lek i/lub pod czuwającym okiem szamana. Jako anarchistka mówię: *"chacun son gout"*, czyli "co kto lubi". Odkryjesz, na podstawie swojego własnego doświadczenia życiowego, czy środki odurzające są pomocne, czy przeszkadzają w trakcie nawiązywania kontaktu/ poszerzania swojej świadomości. Jako lider możesz wybrać czy na to pozwalasz, czy nie. Co dotyczy broni, Kanada jest wolna od broni, więc nie mogę sobie nawet wyobrazić, że ktoś mógłby ją przywieźć na CE-5!

WIERZYĆ = WIDZIEĆ

Główną przeszkodą w obserwacjach jest nasze uzależnienie od dowodów fizycznych. Różne źródła mówią nam w kółko, że sami tworzymy naszą rzeczywistość i że nasz wewnętrzny świat musi się przekształcić, zanim zobaczymy zewnętrzne rezultaty. Obserwacje UFO są świetnym na to przykładem. W większości przypadków poziom przekonania jest wysoce skorelowany z ilością "dowodów", jakie dana osoba otrzymuje. To zabawny paradoks życia. Wszystko płynie do ciebie, kiedy już nawet tego nie potrzebujesz. Ha ha. Zabawne, prawda?

Przekonanie to tylko myśl, którą ciągle powtarzasz. Spróbuj tego:
- To jest możliwe
- Świat/rzeczywistość/ja mogę być czymś więcej niż to, czego nas uczono
- Zmieniamy się, a przyszłość nie jest znana
- Inni zobaczyli UFO
- Mogę zobaczyć UFO

Możesz usłyszeć o różnych osobach, które mają duże obserwacje i które nadal są bardzo sceptyczne. Ich rola jako sceptycznego świadka ma swój własny, unikalny cel w procesie ujawniania.

Inny scenariusz jest taki, że czasami ludzie podczas inicjacji doznają oszałamiającego spotkania, które jest celowo zaprojektowane, aby ruszyć ich w tym kierunku. Może to być bardzo frustrujące, jeśli nie są oni gotowi na konsekwentne otrzymywanie komunikacji. Muszą wtedy dołączyć do reszty z nas, gdy podnosimy nasze wibracje i wykonujemy podstawową pracę uwolnienia naszego uścisku konwencjonalnej rzeczywistości i naszych ograniczonych wyobrażeń o nas samych.

Jeśli jesteś sceptyczny i eksperymentujesz z tym, może chciałbyś mieć kilka osób, które by do ciebie dołączyły i których przekonania są tak głębokie, że kwestionujesz ich zdrowy rozsądek. Rozwijaj z nimi tę znajomość: oni są magnetami dla obserwacji. Pozostań po stronie nauki, ale nie przegap możliwości przebywania z tymi ujmującymi i uroczymi ludźmi. Ponadto, bycie tolerancyjnym wobec różnych paradygmatów jest dobre dla twojego rozwoju. Gdy będziesz się z nimi zadawać, pozostań wierny własnemu paradygmatowi i zaufaj własnemu osądowi.

"Dostrzegam tutaj szalone rzeczy. Czy muszę wierzyć w czakry, wiry lub kryształy? Chcę wierzyć w UFO, a nie w coś z New Age'u".
Oczywiście nie musisz nosić krzykliwych rzeczy i śpiewać mantr, aby poszerzyć świadomość/mieć obserwacje. Jednakże, jeśli jesteś bardziej naukowo nastawiony, musisz wiedzieć, że niektóre z rzeczy, które są omówione w tej książce, nie będą do ciebie przemawiały. Świat CE-5 jest naturalnie ukierunkowany ku duchowości. Przyjmij to, co działa dla ciebie, a resztę odrzuć. Pamiętaj, że kontakt zainicjowany przez człowieka z istotami pozaziemski ma 3 elementy: 1. Połączenie ze świadomością jednego umysłu, 2. Szczere serce, 3. Czysta intencja.

"Dzień, w którym przestanę mieć wątpliwości, będzie dniem, w którym stanę się niebezpieczny"
—Neale Donald Walsch

Rada: Wymienianie się historiami podczas CE-5 jest świetnym narzędziem umacniającym przekonanie. Wprowadza cię to w odpowiedni stan umysłu, aby nawiązać kontakt. Według oryginalnego protokołu CE-5, odtwarzanie tonu kręgów zbożowych przed wydarzeniem jest również bardzo pomocne, przypominając nam, że jest wiele niewytłumaczalnych zjawisk, które były obserwowane przez wielu i rejestrowane do badań. Możesz znaleźć opisane wyżej tony w aplikacji ET Contact Tool App lub na YouTube (które następnie możesz przekonwertować na mp3: https://ytmp3.com/).

Formacje UFO	Manewry UFO

CZĘŚĆ DRUGA:

PRZEJŚCIE DO RZECZY,

CZYLI JAK

PRZYSTĄPIĆ DO DZIAŁANIA

DOŁĄCZENIE DO INNYCH

Teraz, gdy znasz już niezbędne elementy do nawiązania kontaktu, jesteś gotowy, aby rozpocząć pracę.

Możesz samemu odbyć CE-5 lub zrobić to w grupie. Wielkość grup jest bardzo zróżnicowana: większość grup na całym świecie, które regularnie się spotykają, liczy od 1 do 10 osób. My mamy 30 osób na naszej liście mailowej i zwykle mamy od 7 do 9 osób w danym momencie. Jeśli jest specjalny gość z zagranicy, możemy zebrać 30 lub 40 osób. Brałam udział w wykładzie na temat CE-5, co zaowocowało obserwacjami, gdzie grupa liczyła około 500 osób. Tak więc, każda liczba jest odpowiednia.

Jest wielu podekscytowanych ludzi, którzy bardzo chcieliby nawiązać z tobą kontakt. Niektórzy czują się naprawdę odizolowani i nie mogą się doczekać, aby cię poznać i opowiedzieć ci o tym, jak doszli do swojego obecnego światopoglądu. Wspaniale jest spotkać się z osobami o podobnych umysłach i sercach w świecie tak różnorodnym, jak dzisiejszy!!

Ludzie, którzy są sceptyczni mogą być wspaniałym dodatkiem. Prawdziwy naukowiec jest sceptyczny ORAZ ma otwarty umysł. Prawdziwy sceptyk jest sceptyczny wobec wszystkiego, łącznie z własnym spojrzeniem na rzeczywistość. Przyjmuje proces naukowy i jest gotowy do odrzucenia starych paradygmatów, gdy jest to konieczne.

Ludzie, o których myślisz, że żyją w swoim świecie fantazji, mogą doprowadzać cię do szaleństwa. Zaakceptuj, że jest możliwe, że mogą mieć rację i nigdy nie lekceważ czyjejś perspektywy lub przekonań. Nawet jeśli jesteś w 99,9% pewien, że nie mają pojęcia o ostatecznej rzeczywistości, oni absolutnie mają pojęcie o swojej. Każdy ma prawo do swojej własnej rzeczywistości.

Jeśli ktoś ma DUŻE obawy w stosunku do istot pozaziemskich lub jeśli jest HIPERsceptyczny, to taka osoba ma trochę pracy do zrobienia, zanim pozwoli się jej dołączyć do specjalnych wyjść z grupą. Nigdy nie zdarzyło nam się mieć kogoś bardzo odpornego na CE-5 i chcącego dołączyć do nas. Odkryliśmy, że negatywnie nastawiona osoba lub dwie uczestniczące w CE-5, nie muszą koniecznie kolidować z dobrymi doświadczeniami reszty grupy. Ludzie będą mieli indywidualne obserwacje lub obserwacje przeznaczone tylko dla kilku osób. Ważne jest jednak, aby reszta grupy była wystarczająco silna wibracyjnie, aby pokonać kilka negatywnych wibracji. Najlepsze noce, jakie mieliśmy, były jak imprezy - tak długo, jak masz więcej "dusz towarzystwa" niż "smutasów psujących zabawę", będzie w porządku. Jako lider, jeśli nie możesz utrzymać swojej własnej energii w obliczu zrzędliwości lub osądu, musisz wykluczyć negatywne osoby, dopóki nie będziesz w stanie skutecznie ignorować niższych wibracji. Pobłogosław tych ludzi. Często ludzie ci skrycie pragną, aby to zjawisko było prawdziwe, tak bardzo, że nie mogą zaryzykować otwarcia się na nie. Perspektywa bycia oszukanym i/lub rozminięcia się z ich nadziejami jest przerażająca.

Jeśli możesz, staraj się nikogo nie wykluczać. Włączanie osób pomaga im i tobie. Jeśli bardzo chcesz mieć gwiezdne obserwacje z bardzo spójną grupą, zrób z tego specjalne wyjście tylko na zaproszenie, tak aby nikt nie czuł się wykluczony na comiesięcznych spotkaniach.

GDZIE ZNALEŹĆ LUDZI?

ETLet'sTalk
- Idź na stronę http://www.etletstalk.com i kliknij *"Sign In/Sign Up"* (ang."Zapisz się")
- Kliknij na *"Members"* (ang. "Członkowie") po lewej stronie i wybierz *"Advanced Search"* (ang. "Zaawansowane wyszukiwanie")
- W polu *"Location"* (ang. "Lokalizacja") wpisz nazwę miasta, a następnie przewiń, aby wybrać *"Filter"* (ang."Filtr")
- Skontaktuj się z osobami w twoim mieście, aby zebrać dane kontaktowe

ET Contact Network Map
- Idź na stronę http://www.etcontactnetwork.com
- Zarejestruj się, żeby mieć dostęp do mapy
- Na mapie kliknij na każdy symbol, aby zebrać nazwiska i adresy e-mail

Facebook
- Wyszukaj "CE-5" i <Twoje miasto>, na przykład nasza grupa to "CE-5 Calgary"

- Dołącz do światowej grupy CE5, których jest kilka. Na tych stronach na Facebooku możesz napisać post szukając ludzi w twojej okolicy.
  - *The CE-5 Initiative*
    https://www.facebook.com/groups/205824492783376/
  - *CE-5, UFO, SIRIUS: ETLetsTalk.com*
    https://www.facebook.com/groups/1593375944256413/
  - *CE-5 Universal Global Mission*
    https://www.facebook.com/groups/1827858540868714/

- Załóż swoją własną grupę na Facebooku w naprawdę prosty sposób! Ustawiamy prywatność naszej grupy na "zamkniętą", aby ogół społeczeństwa nie mógł zobaczyć, co jest wysyłane. Wtedy posty mogą być widziane tylko przez zatwierdzonych członków grupy.

MeetUp
Stwórz lub znajdź grupę na http://meetup.com, które jest świetnym sposobem na nawiązanie kontaktów. Nie, to nie jest serwis randkowy.

WhatsApp
"CSETI India" ma bardzo wesoły czat na WhatsAppie: +91 9874447669.

Sposób analogowy
Idź do swojego lokalnego sklepu z kryształami/New Age, aby porozmawiać z ludźmi, zamieścić ogłoszenie lub zostawić ulotkę. Możesz również zobaczyć, czy ktokolwiek w klubie astronomicznym byłby zainteresowany. Dr J. Allen Hynek, astronom i badacz UFO, odkrył dzięki nieformalnemu badaniu jego rówieśników, że około 10% astronomów widziało na niebie coś, czego nie potrafią wyjaśnić, a co zachowują dla siebie z obawy przed ośmieszeniem. Może mógłbyś znaleźć takich ludzi!

ODOSOBNIENIA

Pojechanie w odosobnienie do obszaru ze szczególną aktywnością UFO, zmieniło z impetem wrażenia naszej lokalnej grupy po powrocie do domu. Warto wybrać się, poznać nowych przyjaciół, poszerzyć swój umysł i horyzonty, zobaczyć UFO i zwiedzić nowe miejsce! Lokalizacje obejmują takie miejsca jak: Mt. Shasta w północnej Kalifornii, Joshua Tree w południowej Kalifornii, Mt. Adams w stanie Waszyngton, Japonia, Nowa Zelandia.

- ET Let's Talk - idź na stronę http://etletstalk.com/ i kliknij na "Events/Wydarzenia", aby zobaczyć, czy są jakieś nadchodzące odosobnienia.

- Sirius Disclosure - idź na stronę https://www.siriusdisclosure.com i zapisz się na listę e-mailową.

- ECETI - idź na stronę http://www.eceti.org, aby poprosić o prywatne zaproszenie od Jamesa Gilliland'a na zwiedzenie "The Ranch."

- Lyssa Royal Holt - idź na stronę http://www.lyssaroyal.net/-schedule.html, aby zobaczyć nadchodzące odosobnienia. Każdego roku w lato jedno z nich odbywa się w Japonii.

- Rahma - idź na stronę http://www.sixtopazwells.com. Będziesz potrzebował podstawowej znajomości języka hiszpańskiego.

- Rahma w LA - idź na stronę na Facebooku *"Mission Rahma"* lub popytaj się w Los Angeles.

- Gene Ang - idź na stronę http://www.geneang.com/www.geneang.com/Events.html, żeby zobaczyć wydarzenia.

- CE-5 Aotearoa - idź na stronę https://www.ce5.nz/, żeby zapisać się na listę e-mailową.

- JCETI – idź na stronę http://www.jceti.org/ (dla osób mówiących po japońsku) lub https://www.ce5-japan.com/ (dla osób mówiących po angielsku), żeby sprawdzić nadchodzące wydarzenia.

Alternatywnie, zamiast jechać na oficjalne odosobnienie, skontaktuj się z grupami w okolicy, w której spędzasz wakacje i dołącz do jednej z ich nadchodzących CE-5.

PROWADZENIE GRUPY

To może być najbardziej ekscytujący czas do życia w całej historii Ziemi. Jaką rolę zdecydujesz się odegrać?

Nie potrzeba wiele czasu, aby organizować regularne, comiesięczne spotkania. Jedna noc = od 3 do 6 godzin. Wysyłanie e-maili do wszystkich, aby ich zaprosić, zajmuje może godzinę lub dwie miesięcznie, w tym odpowiadanie na indywidualne e-maile. Na początku, niektóre rzeczy będą wymagały kilku godzin więcej tu i tam: szukanie ludzi do przyłączenia się, wybór sprzętu, jeśli w ogóle, i znalezienie odpowiedniego krzesła. Każdy inny czas, który w to zainwestujesz jest fakultatywny i rekreacyjny: czytanie książek, znajdowanie czasu, aby więcej pomedytować, wyjechanie w odosobnienie, wypróbowywanie nowego sprzętu itd. Kiedy wszystko działa, możesz z łatwością utrzymać to na poziomie od 5 do 8 godzin miesięcznie. To jest tylko 1% z twojego czasu w miesiącu, gdy jesteś przebudzony.

W naszej grupie organizujemy comiesięczne spotkania przez cały rok. W Kanadzie zdarzają się mroźne zimy, więc jeśli temperatura spada poniżej minus dziesięciu stopni Celsjusza, urządzamy imprezy składkowe i medytacje w pomieszczeniach, aby zwiększyć spójność grupy i kontynuować nasz bardzo ważny rozwój wewnętrzny. Wysyłam zaproszenia mailowe na tydzień przed wydarzeniem, a po wydarzeniu czasami wysyłam sprawozdanie z datą następnego wydarzenia.

Możesz wybrać jakąkolwiek chcesz datę do przeprowadzenia wydarzenia CE-5. Większość osób wybiera skoordynowanie nocy CE-5 z jednym z dwóch światowych serwisów:

- Sirius Disclosure - idź na stronę https://www.siriusdisclosure.com i przewiń w dół, aby zapisać się do newslettera, który będzie wysyłał przypomnienia. Są one zawsze w pierwszą sobotę miesiąca, łatwo zapamiętać i zaplanować.

- ETLet'sTalk - idź na stronę https://etletstalk.com/ do sekcji "Wydarzenia/Events", aby zobaczyć, jakie są zbliżające daty lub zapisać się na listę e-mailową poprzez napisanie e-maila do Kosty na adres kosta@etletstalk.com. Te daty są zawsze w soboty najbliżej nowiu księżyca, aby skorzystać z ciemnego nieba. Dostosowujemy nasze comiesięczne spotkania do harmonogramu ET Let's Talk, bo wolimy mieć tak ciemne niebo, jak to tylko możliwe.

WYBÓR MIEJSCA

CE-5 mogą odbywać się wewnątrz pomieszczeń, w twoim ogrodzie, pobliskim parku lub w odległej lokalizacji. Mieliśmy wewnętrzne i zewnętrzne rezultaty w tych wszystkich miejscach. Ludzie w naszym mieście zgłaszali ciała niebieskie unoszące się nad ich podwórkami, UFO w porze dziennej nad ruchem ulicznym i trzykolorowe światło wielkości ciężarówki w dzielnicach miejskich. Niezależnie, gdzie odbywasz CE-5, jeśli jesteś gotowy, przyjdą do ciebie.

To powiedziawszy, odległe miejsca mają tendencję do dostarczania większej liczby obserwacji. Korzyścią jest również to, że jest ciemniej, niebo jest oszałamiające, jesteś otoczony przez ciszę, naturę i spokój, jesteś bardziej oddalony od tras lotów ludzkich statków i możesz być głośny, gdy wyjesz i wrzeszczysz, gdy zobaczysz UFO (jestem przekonana, że istoty pozaziemskie uwielbiają widzieć nas tak podekscytowanych!). Podczas ustalania lokalizacji staraj się trzymać z dala od linii energetycznych, wież komórkowych i wszystkiego, co może kolidować z twoim sprzętem elektrycznym lub zbliżającym się statkiem istot pozaziemskich.

Możesz również chcieć sprawdzić, czy w twojej okolicy znajdują się jakieś energetyczne linie geomantyczne, wiry lub święte miejsca. Nie mamy możliwości dowiedzieć się na 100%, czy bycie w takim miejscu przyczynia się do wyraźnej różnicy w obserwacjach. Może być tak, że cała energia i podekscytowanie związane z planowaniem i podróżowaniem jest tym, co tworzy dobre wyniki. Mamy szczęście, że mamy ważny węzeł energetyczny Becker-Hagens parę godzin od nas. Niewiele jest tych punktów na lądzie w Ameryce Północnej. W czasie naszego zdalnego CE-5 miały miejsce ciekawe, anormalne efekty środowiskowe, a także udało nam się uchwycić na aparacie wiele innych energetycznych świateł i ciał niebieskich, niż było to w przypadku jakiegokolwiek innego miejsca.

Flammarion, Nieznany artysta, 1888 r.

TWOJE PIERWSZE CE-5

A więc jedziesz sam lub znalazłeś grupę ludzi! Wspaniale. Oto krótki opis tego, jak to może przebiegać. Pamiętaj, to jest tylko poradnik. Jeśli wiesz co chcesz zrobić, zrób to!

- Wybierz datę i godzinę.

- Stwórz luźną agendę tego, co będziesz robić podczas wydarzenia CE-5.

- Wyślij zaproszenia i poproś o odpowiedź zwrotną.

- Przypomnij wszystkim, aby wzięli ciepłe ubrania, śpiwór, krzesło, latarkę.

- W dniach poprzedzających wydarzenie, przeprowadź od jednej do trzech sesji medytacyjnych albo fizycznie razem w grupie, albo zdalnie w zsynchronizowanym czasie. Medytacja może także być wykonana indywidualnie w dowolnym czasie, jeśli jest to wygodniejsze. W czasie tych sesji medytacyjnych ustal osobiste i grupowe intencje na CE-5.

- W dniu CE-5 spotkajcie się przed tym wydarzeniem i wyruszcie razem w drogę lub spotkajcie się na miejscu.

- Po przybyciu na miejsce ułóż krzesła tak, aby były skierowane do wnętrza okręgu, a jeśli niebo będzie czyste, to we wszystkich kierunkach. Użyj półokręgu, jeśli w jednym miejscu jest zachmurzenie lub na drodze stoją góry lub drzewa.

- Przejrzyj agendę, żeby sprawdzić, czy ktoś ma jakieś prośby lub czy chciałby nanieść uzupełnienia lub zmiany. Twórzcie to doświadczenie razem, w miarę postępu - to nie musi być doskonałe!

- Ustalcie z grupą jasną intencję.

- Przeprowadź jedną medytację z zamkniętymi oczami, aby naprawdę nawiązać kontakt ze świadomością jednego umysłu.

- Kontynuuj prowadzenie agendy i nanoś zmiany, jeśli będzie to potrzebne (pomysły można znaleźć w sekcji "Przykładowe agendy").

- Zachęcaj ludzi do mówienia o tym, że coś widzieli lub doświadczyli. Często ludzie nieśmiało mówią, że coś widzieli, ponieważ sami ledwo wierzą, że coś takiego mogli widzieć. Powiedz ludziom, żeby mówili o tym nawet, jeśli nie są pewni. W rzeczywistości może być tak, że ktoś inny widział lub doświadczył tego samego! Następnie grupa może obserwować daną część nieba, aby zobaczyć, czy nie stanie się coś więcej.

- Bądź w kontakcie z wolą grupy i nastrojem: czy wszyscy czują się ciepło, czy nadal są zaangażowani i szczęśliwi?

- Zachowaj postawę wdzięczności za doświadczenie i rozwój, nawet jeśli nie jesteś świadomy niczego, co się wydarzyło lub niczego nie widziałeś. Na podstawie naszych doświadczeń wierzymy, że istoty pozaziemskie są tam, nawet jeśli nie możesz ich dostrzec, i oczekują twojego rozwoju z podekscytowaniem!

- Kiedy zamykasz spotkanie, pamiętaj, aby poprosić o spotkania w czasie snu, jak i o rozwój i obserwacje, które mogą się przydarzyć w kolejnych dniach lub nawet w drodze powrotnej do domu.

- Po odbyciu CE-5 możesz odesłać raport do większej grupy, a jeśli chcesz, możesz przesłać raport do jednego lub kilku portali społecznościowych (Facebook, ETLet'sTalk).

Wierzymy, że jeśli skrupulatnie podejdziesz do włączenia trzech elementów wspomnianych wcześniej (1. Połączenie ze świadomością jednego umysłu, 2. Szczere serce, 3. Jasna intencja), w ciągu sześciu wypadów doświadczysz obserwacji.

Lista rzeczy do spakowania

- Krzesło lub koc

- Śpiwór

- Medytacje (mogą być na twoim telefonie, głośniku, książce, możesz wziąć ten poradnik lub stworzyć własne)

- Latarka

- Wskaźnik laserowy (jeśli jest to dozwolone przez prawo i UPEWNIJ SIĘ, że przeczytałeś sekcję "Wskaźniki laserowe")

- Rękawiczki jednopalcowe, czapki, zimowe płaszcze itd.

Dla dłuższych lub bardziej odległych CE-5, weź ze sobą:

- Przekąski, wodę

- Papier toaletowy

ORIENTACJA

Odnalezienie drogi na niebie pomaga nam opisać nawzajem, gdzie mamy patrzeć. Zamiast "Hej, tam coś jest!" i wskazywania niewidzialnym palcem w ciemności, możemy powiedzieć, "Patrz na południe od uchwytu Wielkiego Wozu" lub "Północ-północny wschód 30 stopni od horyzontu". Dziękujemy naszemu anonimowemu współpracownikowi za to eleganckie wprowadzenie do astronomii:

Kiedy dotrzesz na miejsce, zapoznaj członków grupy z kierunkami kardynalnymi (kompasem), podstawowymi systemami miar oraz położeniem niektórych konstelacji, gwiazd i planet.

- Wskaż północ, wschód, południe, zachód i zenit (najwyższy punkt bezpośrednio powyżej). Jeśli to możliwe, przyporządkuj każdemu z nich punkt orientacyjny. Jeśli nie ma punktu orientacyjnego, użyj osoby w kręgu.

- Oszacuj "współrzędne horyzontalne" ciał niebieskich, używając astronomicznego systemu "wysokości i azymutu".

- "Wysokość" mierzy kąt pozornego wzniesienia (lub zakrzywionej wysokości) obiektu na sferze niebieskiej (kopuła nieba) w stosunku do obserwatora (twojej grupy).

- 0° odnosi się do horyzontu na poziomie równiny. 90° odnosi się do zenitu. Zatem, połowa wysokości od płaskiego horyzontu do zenitu nieba wynosiłaby 45°. Jedna trzecia to 30°, dwie trzecie to 60° itd.

- Wiele osób uważa, że pięść trzymana na długość ramienia może w przybliżeniu określić przestrzeń 10° lub odległość od kciuka do palca wskazującego przy rozciągniętych palcach może w przybliżeniu określić 20°. Poeksperymentuj z dodawaniem tych szacunków od horyzontu do zenitu, aby dowiedzieć się, czy mogą ci one pomóc. Albo po prostu sprawdź znaną wysokość obiektów na wykresie lub w aplikacji.

- 'Azymut' mierzy kierunki kardynalne (północ, wschód, południe i zachód) w skali od 0 do 360 stopni. Jednak zwyczajne powiedzenie kierunku (np. "północ-północny wschód") powinno wystarczyć.

- Oszacuj jasność ciał niebieskich używając astronomicznego systemu "obserwowanej wielkości gwiazdowej".

- "Wielkość gwiazdowa" znana też jako jasność gwiazd została po raz pierwszy skatalogowana przez starożytnych Greków w skali od jednego (dla najjaśniejszych) do sześciu (dla najciemniejszych).

- W XIX wieku współcześni astronomowie sformalizowali system na skali logarytmicznej, rozszerzyli skalę poniżej jednego i powyżej sześciu, a za jej punkt zerowy przyjęli Wegę (Wega jest wyjątkowo jasną gwiazdą widoczną na półkuli północnej przez większą część roku).

- Słowo "obserwowana/pozorna " zostało dodane, ponieważ w tym czasie zdano sobie sprawę, że jasność zależy bardziej od odległości gwiazdy od Ziemi. Oddzielna miara zwana "absolutną wielkością gwiazdową" opisuje jasność każdej gwiazdy obserwowanej ze standardowej odległości.

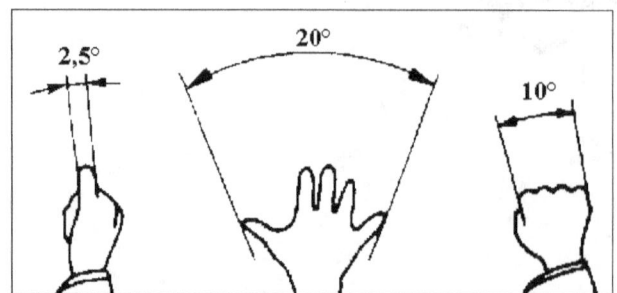

<u>Przykłady obserwowanej wielkości gwiazdowej</u>

   –5 Wenus (max)
   –3 Mars (max), Jupiter (max), Venus (min)
   –2 Jowisz (min)
   –1 Syriusz
    0 Arktur, Capella, Procyon, Rigel, Saturn, Wega, Merkury (max)
    1 Aldebaran, Altair, Antares, Betelgeuse, Deneb, Fomalhaut, Pollux, Regulus, Spica
    2 Mars (min), Gwiazda Polarna
    3 Wielka Mgławica Andromedy
    4 Chi Orionis
    5 Mu Cassiopeiae, Xi Boötis
    6 Merkury (min)

Zrób szybki przegląd najbardziej rozpoznawalnych konstelacji, gwiazd i planet. Jeśli nie jesteś zaznajomiony z gwiazdozbiorami, zapoznaj się z mapą lub aplikacją, najlepiej noc lub dwie wcześniej. Rozważ subskrypcję cotygodniowego podcastu o tematyce gwiezdnej, odwiedź lokalne planetarium lub klub astronomiczny. Http://www.skymaps.com co miesiąc oferuje darmowe mapy gwiazd do pobrania. Można je łatwo ściągnąć i rozdać swojej grupie od nawiązywania kontaktów. Możesz być zaskoczony, jak znajome staną się wzory na niebie.

Virgo, (Gwiazdozbiór Panny) Una Scott, Copyright 2017

PROWADZENIE DZIENNIKA

Jeśli chcesz, możesz prowadzić dziennik lub napisać podsumowanie w trakcie lub po wydarzeniu. Ludzka pamięć jest dość wątła i możesz chcieć potwierdzić, kto co dokładnie widział, zanim twoja pamięć zaniknie i/lub zmieni to, co się wydarzyło. Miło jest też obserwować tendencje w obserwacjach, gdy ich przybywa. Jeśli czas na to pozwala, niektóre grupy organizują sesję podsumowującą bezpośrednio po wydarzeniu (lub następnego dnia), aby omówić pracę w terenie i podzielić się doświadczeniami, gdy wszystko jest jeszcze świeże w ich głowach. Dobrym pomysłem może być cyfrowe nagranie spotkania, a następnie spisanie podsumowania i włączenie go do dziennika.

Prowadzimy nasze dzienniki w sposób dość swobodny. Zapisujemy niektóre lub wszystkie z poniższych informacji:

- Data
- Godzina
- Kto co widział
- Gdzie to było
- Opis tego, co to było

Czasami zapisujemy tylko najważniejsze momenty. Jeśli zapisujesz każdego domniemanego satelitę lub streaker'a w naprawdę aktywną noc, możesz się tym zmęczyć. Z drugiej strony, może być fajnie policzyć je wszystkie później.

Jeśli używasz papieru, możesz kupić "pióro Pilota" z czerwonym światłem na końcu, które jest poręcznym, nie rzucającym się w oczy źródłem światła do użytku w ciemności. Ok. 5 dol. za sztukę na Amazonie.

Pisz na telefonie. Załóż na telefon czerwony filtr, aby zachować widzenie w nocy. W przypadku iPhone'a postępuj zgodnie z poniższymi instrukcjami: https://www.skyandtelescope.com/observing/stargazers-corner/red-light-filter-for-iphone/. Dla telefonów typu Android, wypróbuj aplikację "Twilight".

Mały cyfrowy dyktafon mógłby się również przydać. Olympus produkuje je w niewielkich rozmiarach, które są popularne.

SPRZĘT

Krzesło lub koc i poduszka

Przynieś coś, na czym będziesz mógł usiąść. Moim ulubionym krzesłem jest składane do połowy wysokości krzesło plażowe, które można odchylić, dzięki czemu można się naprawdę zrelaksować i zobaczyć dużo nieba. Jest ono lekkie i można znaleźć modele, które mają paski plecaka i zapinane na zamek przegródki na sprzęt. To takie poręczne! Inni w naszej grupie używają krzeseł o "zerowej grawitacji", które są nawet wygodniejsze i niesamowicie trwałe, choć są ciężkie. Z powodzeniem sprawdzi się zwykły trawnik lub krzesło kempingowe. Koc również świetnie się nada.

Śpiwór

Śpiwory są o wiele cieplejsze niż koce. Nawet w najgorętszy dzień lata, temperatura może spaść. Pamiętaj, że kiedy się nie ruszasz, jest o wiele zimniej niż to, co jesteś w stanie normalnie znieść. Uwielbiamy wygodnie rozkładać się w naszych śpiworach do tego stopnia, że aż czasem moglibyśmy zasnąć.

Ciepłe ubrania

Załóż swój pełny strój zimowy: ciężką, ocieplaną odzież wierzchnią, taką jak płaszcz puchowy zrobiony zgodnie z zasadą "wolny od okrucieństwa", spodnie śniegowe, długie kalesony lub legginsy pod spodniami, rękawice zwykłe/rękawice z jednym palcem współgrające z użytkowaniem urządzeń, toczek itp. (*Toczek* jest kanadyjskim słowem na określenie zimowej czapki z dzianiny).

Latarka

Bardzo przydatne jest posiadanie czołówki. W przeciwnym razie, używaj latarki lub telefonu do poruszania się. Wskazane jest używanie czerwonego światła. Astronomowie używają czerwone światła podczas imprez gwiezdnych, aby zachować ich naturalne nocne widzenie.

Środek odstraszający komary

Istoty pozaziemskie nie wydają się mieć wiele wpływu na komary, które mogą z łatwością zrujnować CE-5, jeśli nie podejdziesz do tego z dawką humoru. Pamiętaj, aby wziąć ze sobą środek odstraszający komary, naturalny lub inny, a wszystko będzie dobrze.

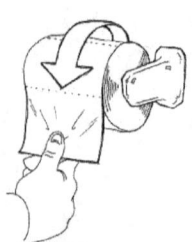

Papier toaletowy

Dla niezbędnych przerw "bio" podczas odległych CE-5.

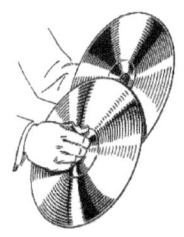

Instrumenty

Misy dźwiękowe, didgeridoo, dzwony, dzwonki poruszane przez wiatr itp.

Święte rzeczy

Kryształy lub inne osobiste przedmioty mające znaczenie. Możesz je umieścić na stole w środku kręgu.

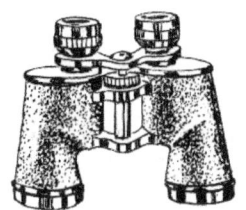

Lornetka

Aby spostrzec kształty znajdującego się blisko UFO. Noś lekką lornetkę lub zamontuj ciężką na statywie. Lornetka ze stabilizacją obrazu (IS) jest również dobrym rozwiązaniem, ale kosztuje więcej.

Lornetka noktowizyjna/gogle/luneta

Nie jest to coś, co musisz koniecznie mieć, ale znajduje się na liście życzeń prawie każdego. Dzięki temu można zobaczyć ciała niebieskie i inne zjawiska. Gdy jeden z moich kolegów używał takiego sprzętu, zobaczył małe skrzydlate stworzenie, które do niego leciało, po czym krzyknął: "K*#@a, właśnie zobaczyłem wróżkę!" (poprawność zachowania często gubi się w terenie, kiedy czyjaś rzeczywistość wylatuje w powietrze). Najlepsze z nich są klasy wojskowej, tzw. Gen 3 za wiele tysięcy dolarów. Cyfrowe odmiany będą bardziej przystępne. Wybierz gogle noktowizyjne, które są lekkie i rozważ wygodę posiadania pary, która może być przymocowana do głowy za pomocą opaski. Wiele urządzeń noktowizyjnych ma możliwość robienia zdjęć/filmowania: szczegółowe zalecenia znajdują się w następnej części dotyczącej kamer noktowizyjnych.

Urządzenia i głośniki do odtwarzania medytacji/tonów z kręgów zbożowych/piosenek

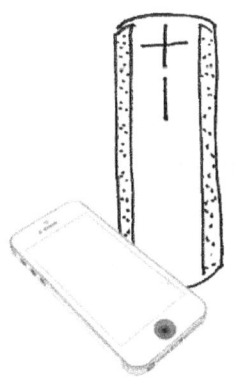

Używamy naszych telefonów do odtwarzania plików dźwiękowych. Możesz również użyć odtwarzacza do muzyki. Mam też głośnik, Boom 2, który jest fantastyczny i fantastycznie drogi (300 dol.). Powiedziałabym, że warto go mieć; jest jednym z moich ulubionych przedmiotów. W przypadku medytacji, piosenek itp. łatwym sposobem na ich zdobycie jest znalezienie ich na YouTube, skopiowanie adresu URL, a następnie przejście na stronę, która zajmuje się konwersją YouTube do plików mp3, których jest wiele. Ściągnij nowo utworzone mp3 do swojej biblioteki na komputerze, gdzie możesz je następnie zsynchronizować z telefonem.

NIE UŻYWAJ LASEROWEGO WSKAŹNIKA

(Chyba, że przeczytasz poniższe strony bardzo, ale to bardzo uważnie...)

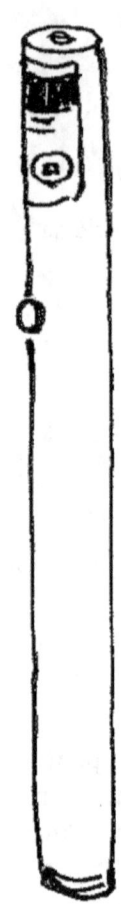

Wskaźniki laserowe są przydatne i zabawne, ale mogą być również bardzo niebezpieczne. MUSISZ zachować szczególną ostrożność. Tymczasowe lub trwałe uszkodzenie oczu jest realnym zagrożeniem. Masz trzy możliwości:

1. Przydziel tylko jedną lub dwie osoby, które są doświadczone i niezwykle ostrożne, do używania silnych laserów (powyżej 5mW). Ta opcja **nie jest zalecana**; nawet ekspert, który zna prawdziwe zagrożenia związane ze wskaźnikami laserowymi, może popełnić błąd.

2. Zezwól na użycie silnych laserów z odpowiednimi okularami dla wszystkich w grupie (może to zmniejszyć zdolność do widzenia gwiazd/światła w ciemności; nie próbowaliśmy tego). Często przenośne lasery są dostarczane w pakiecie z okularami ochronnymi, ale będą one zbyt ciemne. Patrz poniżej.

3. Najprostszą opcją jest przyjęcie w grupie zasady, że wszystkie lasery mają moc poniżej 5mW (mW = miliwat) i zrezygnowanie z okularów. Laser, o którym wiadomo, że ma GWARANCJĘ mocy 5 mW lub mniej, nie spowoduje uszkodzeń biologicznych. Tak, te wskaźniki laserowe nie są najsilniejsze, ale są odpowiednie w ciemnych warunkach. Przeczytaj więcej, o tym, dlaczego konieczna jest gwarancja:

Kupuj TYLKO od sprzedawców, którzy mogą zagwarantować zmierzone wyjście optyczne!!! Badanie z 2013 roku wykazało, że 90% wskaźników laserowych ma zbyt wysokie specyfikacje. Wskaźniki laserowe mogą być również łatwo poniżej progu specyfikacyjnego. Tanie wskaźniki laserowe nie mają stabilnego zasilania, więc nie można ich rzetelnie przetestować. Nie chcesz również taniego wskaźnika laserowego, ponieważ może on nie posiadać filtra podczerwieni, który, bez wchodzenia zbytnio w technikę i skomplikowane kwestie, jest bardziej ryzykowny w użyciu w pobliżu powierzchni odbijających światło. Jeśli chodzi o kolor, wybierz zielony (532nm). Ta długość fali jest najlepsza dla oka w ciemności i wydaje się 35 razy jaśniejsza niż lasery czerwone o tej samej mocy.

NIGDY nie wskazuj wiązką lasera na samolot, helikopter lub cokolwiek innego, co może być ludzkim pojazdem! Jest to przestępstwo federalne: grzywna w wysokości 100 000 dolarów i/lub 5 lat więzienia tutaj w Kanadzie. W USA możesz zostać ukarany grzywną w wysokości do 250 000 dolarów i/lub karą więzienia do 25 lat. W Polsce możesz podlegać karze pozbawienia wolności do 8 lat. Oczywiście nie chciałbyś dostać kary, ale o co tak naprawdę chodzi to oślepienie pilota. A tego byś na pewno nie chciał zrobić. W tej kwestii, gdy wskazujesz na jakiekolwiek UFO wskaźnikiem laserowym, rysuj szerokie koła wokół niego (lub wskaż go z boku). Nie wskazuj bezpośrednio na niego, nawet jeśli jesteś przekonany, że nie jest to ludzki pojazd. Istoty pozaziemskie również mają oczy. Może.

Okulary ochronne:
Nigdy nie używaliśmy okularów ochronnych, ale jeśli je wypróbujesz, będziesz potrzebował okularów, które są konkretnie dla koloru i siły wskaźnika laserowego, a także wykonane do użytku w nocy. Ta strona ma dobry przegląd okularów ochronnych używanych przez lotników (a nie techników laboratoryjnych): https://www.laserpointersafety.com/laserglasses/laserglasses.html. Opcje podane na tej stronie obejmują: Laser-Gard od Sperian ($99 USD) i Flash Fighters ($239 USD).

Renomowani sprzedawcy wskaźników laserowych:

Zbolt http://www.z-bolt.com/
- "Constant On/Off Green Laser Pointer" $48 USD, baterie AAA, gwarantowane między 4mW i 5mW.
- "Astronomy Green Laser" $58 USD, baterie CR123A (są to baterie litowe, które lepiej sprawdzają się w niskich temperaturach niż baterie alkaliczne). Gwarantowane między 4mW i 5mW.

Laserglow https://www.laserglow.com
- "Anser Series" 5mW 532nm $39 USD, baterie AAA, oferowane między 3mW i 5mW. Jeśli zapytasz o to w formularzu podczas składania zamówienia, mogą wybrać dla ciebie jeden z nich między 4,5mW i 5mW.
- Posiadają okulary ochronne oraz rekomendują model dla pilotów *Glareshield* do użytku w nocy. "AGS5323PX" tutaj: https://www.laserglow.com/AGS.

Laser Points http://www.laserpoints.com
- "SKY 5mW 532nm Green Laser Pointer Pen" $39,99 USD, baterie AAA. Kiedy złożysz zamówienie, poproś ich o przetestowanie tak, aby był pomiędzy 4mW a 5mW oraz o zainstalowanie filtra podczerwieni.

Laser Classroom http://store.laserclassroom.com/
- "Classroom Green Laser Pointer" $35 USD, baterie AAA. W tym sklepie mówią, że zagwarantują, że będzie to pomiędzy 3mW a 5mW. Potwierdź to przy składaniu zamówienia.
- Ta strona sprzedaje również fajny projektor holograficzny dla twojego telefonu komórkowego za jedyne $15.

Bezpieczne stosowanie

Teraz przejdźmy do tego, jak praktyczne jest używanie wskaźnika laserowego! Można mieć z nim super zabawę.

- Pokaż grupie punkty kardynalne kompasu: północ, południe, wschód, zachód.

- Niczym astronom na gwiezdnej imprezie, używaj go do wskazywania obiektów niebieskich, gwiazd, konstelacji, planet i tak dalej.

- Wskaźniki laserowe są dobre do wskazywania anomalii na nocnym niebie, takich jak miejsce, w którym właśnie zgasły flesze, małe domniemane satelity, które trudno dostrzec itp.

- W oryginalnym protokole CSETI, wskaźniki laserowe są używane do sygnalizowania dokładnej lokalizacji grupy: "MY JESTEŚMY TUTAJ!". Aby to zrobić, namaluj inteligentny wzór na nocnym niebie, taki jak trójkąt, okrąg lub symbol nieskończoności. Możesz również błysnąć wskaźnikiem laserowym jeden raz na każde słowo: My - Jesteśmy - Tutaj. Zrób to na początku pracy w terenie i powtarzaj co jakiś czas. Pokazywanie swojej lokalizacji istotom pozaziemskim przynosi dużo zabawy, ale nie jest konieczne. One wiedzą, gdzie się znajdujesz.

- Możesz dać sygnał UFO, gdy jesteś pewien, że *nie* chodzi o nic ziemskiego (dla pewności sygnał powinien być nadany z boku). Użyj spójnego, prostego schematu (np. trzy krótkie sygnały pulsacyjne). Jeśli otrzymasz sygnał zwrotny, nadaj sygnał jeszcze raz. Gratulacje, właśnie osiągnąłeś 'naprowadzenie' statku! Możesz wtedy wskazać wybrane przez siebie miejsce lądowania, w którym chciałbyś, aby statek wylądował, jeśli dopisze ci szczęście.

- Wskazówka: Wskaźniki laserowe zasilane bateriami typu AAA mogą się wychłodzić. Ogrzej wskaźnik laserowy w dłoni, aby poprawić jego działanie.

APLIKACJE

Istnieje wiele przydatnych aplikacji na telefony z systemami iOS i Android, które mogą z łatwością przynieść korzyści twojej pracy przy nawiązywaniu kontaktu. Między innymi, niektóre aplikacje mogą pomóc wykluczyć ludzką działalność na niebie. Jeśli możesz, spróbuj znaleźć aplikacje, które nie wymagają połączenia z Internetem, aby je uruchomić, a następnie niech każdy przełączy swój telefon w tryb samolotowy podczas pobytu w terenie tak, że jeśli jakiekolwiek urządzenia elektroniczne są używane (więcej na ten temat poniżej), będzie mniejsza szansa na zakłócenia elektromagnetyczne. Istnieje wiele wersji aplikacji dla każdej z poniższych kategorii (w miarę rozwoju technologii, aplikacje pojawiają się i znikają z rynku, ale postaramy się polecić kilka, które pomogą ci gdzieś zacząć. Jeśli znajdziesz coś lepszego, daj nam znać)! Większość zapewnia możliwość ich przetestowania przed zakupem, dzięki czemu możesz zobaczyć, czy ci się dana aplikacja podoba, czy nie. Chociaż wiele z nich jest darmowych, możliwe, że trzeba będzie zapłacić trochę pieniędzy za bardziej zaawansowane aplikacje lub zapłacić za uaktualnienie. Sprawdź recenzje i komentarze.

Lokalizator satelitarny

Znajdź aplikację do śledzenia satelitów, która wyświetla nazwę satelity w czasie rzeczywistym, gdy wskazujesz na niego, co ułatwia identyfikację. Niektóre aplikacje satelitarne łączą się z bazą danych, więc możesz potrzebować dostępu do Internetu, gdy jesteś w terenie; niektóre nie. Należy pamiętać, że satelity wojskowe lub szpiegowskie prawdopodobnie nie będą wyświetlane. Sprawdź: SkySafari 5 (iOS/Android), Sky Guide AR (iOS), Stellarium Mobile (iOS/Android).

Lokalizator samolotów

Aplikacje te pokazują, jakie zarejestrowane samoloty latają w pobliżu ciebie, wraz z ich trasą lotu, pochodzeniem, miejscem docelowym, typem samolotu i wysokością itp. Ale z oczywistych względów bezpieczeństwa, nie będą śledzić wojskowych jednostek, więc nie zobaczysz samolotów szpiegowskich, myśliwców odrzutowych lub Air Force One! Sprawdź: FlightRadar24 (iOS/Android), Plane Finder-Flight Tracker (iOS), Planes Live (iOS).

Detektor Flar Iridium: w przeszłości zapewniał dużo zabawy, teraz prawie wygasł

Flary Iridium są już niestety przeszłością. Pierwsza generacja tych satelitów, wystrzelona w 1997 roku, miała lustrzane anteny wielkości drzwi, które były idealnie ustawione pod takim kątem, aby błyskać na nocnym niebie, gdy słońce się od nich odbijało. Druga generacja, zwana "Iridium NEXT", ma nową geometrię w swojej konstrukcji i raczej nie będzie się błyskać. Nadal *można* zobaczyć mały rozbłysk - jednak satelity nie są tak ściśle kontrolowane jak poprzednio, więc obliczenia nie będą wykonywane w celu określenia dokładnego czasu. Nowy zestaw został już w pełni wdrożony. Tak więc, jeśli masz już tę aplikację, możesz ją na razie usunąć.

Konstelacje gwiazd

Poznaj konstelacje, planety i gwiazdy. Niektóre aplikacje dodatkowo pokazują, gdzie znajduje się teleskop Hubble'a i Międzynarodowa Stacja Kosmiczna (ang. ISS). Czy wiesz, że Międzynarodowa Stacja Kosmiczna jest laboratorium badawczym, w którym w każdej chwili przebywa od 3 do 10 osób z różnych krajów? Odwiedzili go astronauci, kosmonauci i turyści kosmiczni z 17 różnych krajów. Od listopada 2000 roku jest nieprzerwanie zajmowany. Sprawdź: SkyView Free (iOS/Android), Sky Map (Android), Sky Walk 2 (iOS/Android), Night Sky (iOS), Night Sky Lite (Android), Stellarium Mobile (iOS/Android), Sky Guide AR (iOS), Sky Rover (iOS).

Mapa zanieczyszczenia sztucznym światłem

Świetnie nadaje się do pomocy w zlokalizowaniu ciemnego terenu względnie wolnego od zanieczyszczenia światłem. Wszyscy chcemy zobaczyć więcej Drogi Mlecznej, prawda? Sprawdź: Light Pollution Map (iOS/Android), Dark Sky Finder (iOS), Dark Sky Map (Android), Scope Nights (iOS).

Prognoza pogody/warunki na niebie

Wiarygodne prognozy pogody dla astronomów z naciskiem na zachmurzenie. Sprawdź: Weather Underground (iOS/Android), Clear Outside (iOS/Android), Astro Panel (Android), Scope Nights (iOS).

Aplikacja do cyfrowego nagrywania dźwięku

Do nagrywania pracy w terenie, spotkań lub po prostu do dyktowania notatek. Sprawdź: Smart Recorder (iOS, Android), iTalk Recorder (iOS).

Narzędzie do kontaktu z istotami pozaziemskimi

Stworzone przez CSETI, ta aplikacja zawiera medytacje, dźwięki z kręgów zbożowych, magnetometr, kompas i instrukcje jak korzystać z tej aplikacji i wykonywać pracę w terenie (iOS/Android).

Aplikacja ESP Trainer

Ta aplikacja została opracowana przez NASA i Instytut Badawczy Stanforda. Jej celem jest zwiększenie twoich zdolności parapsychicznych. W rocznym programie NASA, 145 uczestników poprawiło swoje wyniki, a 4 osoby poprawiły swoje wyniki na poziomie sto do jednego lub więcej. Jeśli często zdarza ci się zdobywać 12 lub więcej punktów, napisz do dewelopera: http://espresearch.com/russells-contact-form/ (iOS).

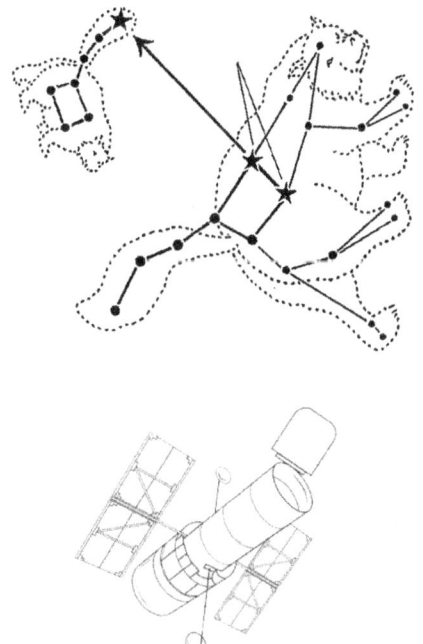

Teleskop Hubble'a

Przypisanie obrazu:
http://www.supercoloring.com/coloring-pages/hubble-space-telescope

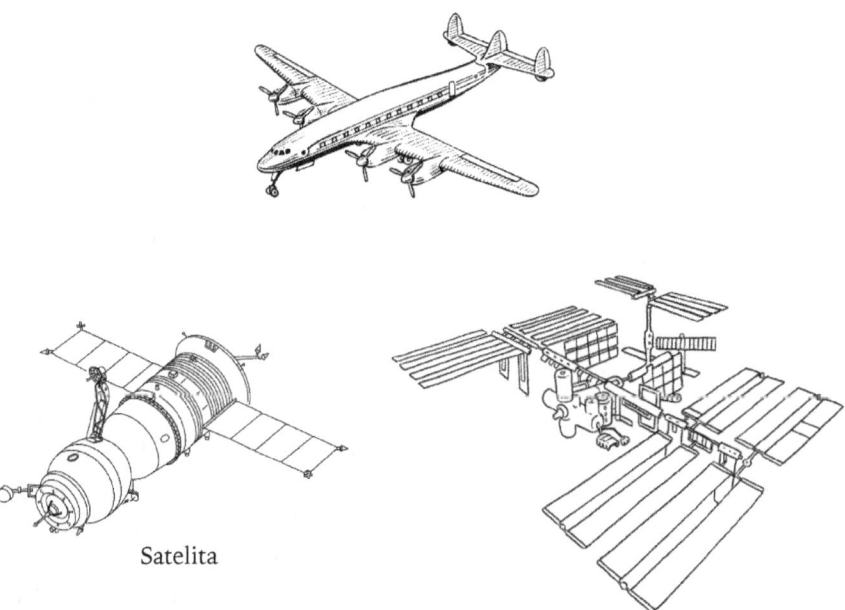

Satelita

Międzynarodowa Stacja Kosmiczna

URZĄDZENIA DO ODBIERANIA KOMUNIKACJI

Nasza grupa nie jest za bardzo techniczna. Większość z poniższych informacji pochodzi od naszej obeznanej technicznie mentorki Deb Warren z Vernon, Kolumbii Brytyjskiej, która już przez wiele lat praktykuje CE-5.

Podczas CE-5, wiele osób używa różnych gadżetów, aby dostać wiadomość od istot pozaziemskich. To, co musisz zrobić, to włączyć to ustrojstwo, być może dostosować niektóre ustawienia, a następnie czekać, aż wydadzą dźwięk, sygnał dźwiękowy lub co tam mają. Te urządzenia nie mogą same działać. Muszą mieć jakieś zewnętrzne wejście, aby zareagowały. Pomyśl o tym. W zdalnym otoczeniu nie ma nic, co mogłoby włączyć te urządzenia. Zapytaj eksperta specjalizującego się w dziedzinie elektromagnetycznej.

- Kiedy używasz sprzęt, wyłącz swoje telefony komórkowe i jakiekolwiek znajdujące się w pobliżu zestawy telewizyjne.
- Aktywność urządzeń będzie czasem odpowiadać obserwacjom.
- Rozszyfrowywanie przekazów istot pozaziemskich:
    - Jeden "Bip" = Nie (lub cisza w liczniku Geigera)
    - "Bip Bip" = Tak
    - "Bip Bip Bip" = "Jesteśmy tutaj"

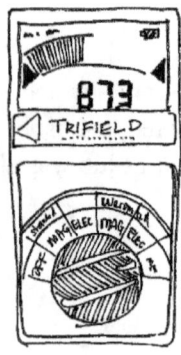

Miernik pola elektromagnetycznego (EMF) od $21 do $245 USD

Miernik EMF (również znany jako magnetometr lub miernik TriField) wykrywa pola emitowane przez obiekty naładowane elektrycznie. W tradycyjnym życiu, mierniki EMF są używane do diagnozowania problemów z okablowaniem elektrycznym, liniami energetycznymi i skutecznością ekranowania elektrycznego. Więc jeśli jesteś na odludziu, a ten się włączy... to jest dziwne.

Miernik TriField 100XE od AlphaLab Inc. był standardem dla wielu grup CE-5. Teraz AlphaLab ma nowy model, TF2: https://www.trifield.com/product/trifield-emf-meter/ $168 USD. Nowy model robi "bipy" zamiast "śpiewania". Jeśli wolisz analogowy dźwięk i szukasz starego modelu, upewnij się u sprzedawcy, że to, co kupujesz, jest wyposażone w dźwięk, ponieważ była to opcja dodatkowa (miernik z dźwiękiem ma pokrętło do "wyciszania" po prawej stronie). Jeśli masz szczęście, możesz znaleźć go z czerwonym światłem, co jest przydatne, aby widzieć w ciemności moment odczytu. Nowy model nie posiada opcji czerwonego światła. Jeśli uważasz, że byłoby to usprawnienie urządzenia, powiedz o tym przy składaniu zamówienia, gdyż producent reaguje na takie rzeczy i ulepszył już poziomy dźwięku TF2, począwszy od swojej pierwszej produkcji.

Ustaw stary model na "Zakres 0 do 3 dla ustawień magnetycznych", a nowy na "Kalibracja magnetyczna". Odbiera on ludzkie pola magnetyczne, więc upewnij się, że masz go ustawionego na tyle nisko, że nie odbierze on ludzi w pobliżu. Ustaw go na tyle nisko, że jeśli zbliżysz do niego rękę, wyda dźwięk. Następnie trzymaj się od niego z daleka. Jeśli wyda dźwięk, gdy nikt się do niego nie będzie zbliżał, będzie to oznaczało, że nastąpiła anomalna zmiana pola magnetycznego. Urządzenie można przetestować ustawiając je na cichy tryb pracy i zbliżając do jakiegoś urządzenia elektronicznego, np. gniazdka, telewizora lub mikrofalówki.

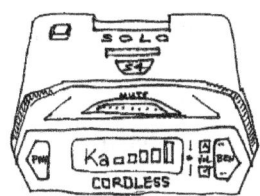

Przenośny detektor radarowy od $70 do $300 USD

Jakikolwiek samochodowy detektor radaru będzie odpowiedni. Kiedy istoty pozaziemskie wysyłają przekaz, dźwięk jest inny i różni się od tego, który jest w czasie normalnego działania, gdy gazujesz na autostradzie. Ustaw jego funkcje na autostradę (bardziej czuły) lub do miasta (mniej czuły). Jeśli masz więcej niż dwa, z góry przeprowadź parę testów, aby się upewnić, że nie oddziałują na siebie wzajemnie. W terenie nie kieruj ich obiektywów na siebie, ponieważ może to spowodować fałszywy wynik pozytywny. Wypróbuj jednostkę S4: https://www.escortradar.com/. Lub spróbuj: http://www.radarsource.com/

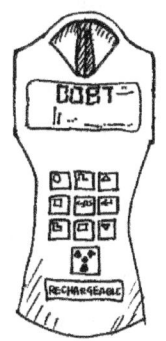

Licznik Geigera Gamma Scout od $100 do 440 USD

Dobrze wychwytuje promieniowanie radioaktywne i może wykrywać niewidzialne statki istot pozaziemskich lub ślady lądowania. Istoty pozaziemskie mogą również użyć to urządzenia, aby się komunikować. Będzie on "ćwierkać" losowo podczas pracy, ale podwoi się do dwóch ćwierknięć, aby powiedzieć "Tak" lub zamilknie, jeśli odpowiedź brzmi "Nie". Przy wersji nadającej się do powtórnego ładowania, ta czynność wymagana jest tylko raz na trzy lata.
https://www.gammascout.com/collections/geiger-counters

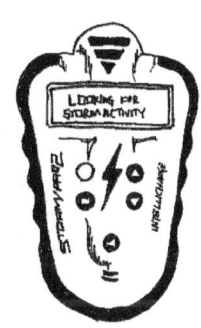

Przenośny detektor burzowy od $26 do $499 USD

Urządzenie do śledzenia burz jest zwykle używane do wykrywania uderzeń piorunów w odległości do 80 km. Jeśli urządzenie nagle wykryje uderzenie pioruna, może to oznaczać, że statek istot pozaziemskich nagle się pojawił, emitując silne elektryczne rozładowanie. W kwietniu 2012 roku, w Marcos Island na Florydzie, Den Warren zobaczyła w czasie treningu bezdźwięczny piorun kulisty kilka kilometrów dalej, a detektor burzy w ogóle się nie włączył. Następnej nocy była burza z piorunami, która rozpoczęła się 40 km. od nich, zbliżając się na ok. półtora km., a detektor burzowy wydawał dźwięki przy każdym gromie z jasnego nieba. Pierwszej nocy istoty pozaziemskie w coś ingerowały i dla porównania pozwoliły przejść prawdziwej burzy następnej nocy. Do kupienia: https://www.ambientweather.com/

Cyfrowy termometr zewnętrzny od $12,99 USD

Monitoruje temperaturę powietrza i poziom wilgotności podczas pracy w terenie. Jeśli temperatura powietrza nagle wzrośnie, może to oznaczać, że statek istot pozaziemskich unosi się bezpośrednio nad głową; co jeszcze fajniejsze, grupa może znajdować się *wewnątrz* zdematerializowanego statku. Dostępny praktycznie wszędzie.

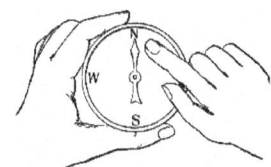

Kompas od ~$10

Można użyć zwykłego kompasu. Będąc pod wpływem, przesunie się na południe zamiast na północ.

URZĄDZENIA DO REJESTROWANIA OBSERWACJI

Czy wiesz, dlaczego większość zdjęć UFO jest rozmyta, nieostra, poruszona, niepełna itd.? Otóż dlatego, że jest cholernie trudno zrobić takie zdjęcia. W środku nocy ciężko jest cokolwiek zobaczyć, na dłoniach masz rękawiczki, zapominasz, który przycisk do czego służy i nie możesz nawet znaleźć UFO na swoim wizjerze w aparacie. A kiedy już go znajdziesz, nie jesteś dobry w śledzeniu go, bo jesteś tak podekscytowany lub twój aparat jest zbytnio przybliżony, że jest to jak patrzenie przez mikroskop na amebę poruszającą się w tempie błyskawicy. Tak szybko jak UFO wychodzi z kadru (bo trzęsiesz kamerą lub gubisz się, starając się jednocześnie patrzeć na niego swoim drugim okiem, żeby również uczestniczyć w tej obserwacji), musisz znowu go znaleźć. Osobiście zrezygnowałam z robienia zdjęć i prowadzenia grupy w tym samym czasie, to zbyt skomplikowane. Jeśli jesteś tak zdezorientowany jak ja, oddeleguj do tego inną osobę albo miej współlidera lub taką dynamikę w grupie, która daje ci czas na zabawę ze sprzętem.

Noktowizyjna kamera wideo

Luna LN-DM50-HRSD ~$400 USD

- My mamy ten model. Przydatne jest posiadanie noktowizora i rejestratora wideo w jednym urządzeniu, ale jest ono bardzo powiększone, więc nagrywa tylko niewielki ułamek nieba. Używanie go jest jak świecenie latarką w jedno oko, więc dostosowanie go do oglądania nieba i dokumentacji jest nieco trudne. http://www.lunaoptics.com/

Bushnell Equinox Z ~$340 USD

- Monokular noktowizyjny z możliwością robienia zdjęć/filmowania. Pożera baterie, ale z zewnętrzną baterią, taką jak Limefuel Blast L60X za 30$, wystarcza na wiele godzin. http://www.bushnell.com/

Digiforce X970 ~$760 USD

- Jest to najnowsza propozycja producenta Pulsar. Możliwość robienia zdjęć/filmowania. Zawiera siatki dalmierzowe. Nie wiemy co to oznacza, ale brzmi nieźle. http://pulsarnv.com/

iGen 20/20 ~$399 USD

- Można rozważyć ten aparat ze względu na szersze pole widzenia. Choć czułość jest niższa niż w powyższym modelu X970, obiektyw iGen jest gwintowany, dzięki czemu można zamontować teleobiektywy lub szerokokątne obiektywy pośrednie. http://www.nightowloptics.com/index.php (kliknij na "iGen" po prawej stronie)

Ranger RT ~ $900 USD

- Słyszeliśmy kilka dobrych opinii o Yukon Ranger Pro, choć jest on wycofany z produkcji. Jeśli nie możesz znaleźć go w lombardzie, sprawdź inne noktowizory z serii Ranger sprzedawane przez Yukon Optics. http://yukonopticsglobal.com/

Kamera termowizyjna od $100 USD

Możesz dostać tanią kamerę termowizyjną Bell and Howell z Amazona lub e-Bay'a. Dobrze działa.
Wyszukiwane terminy: "Bell Howell IR kamera noktowizyjna"

Tradycyjny aparat fotograficzny

- Możesz użyć swojego zwyczajnego aparatu, aby uchwycić zdjęcia lub nagrać filmiki z UFO. Dla lepszych rezultatów, użyj kamery z wysokim ISO.

- Kiedyś zrobiłam kilka zdjęć nieba, próbując się zorientować, czy jedna z obserwowanych przeze mnie "gwiazd" porusza się w kółko wokół mnie. Nigdy nie doszłam do tego, czy mi się to przywidziało, czy nie, ponieważ po ściągnięciu zdjęć na komputer bardziej zainteresowała mnie jaskrawa czerwień i biel UFO, która magicznie pojawiła się w kadrze. Używałam mojego aparatu SONY Rx 100 iii, Max ISO 128,000.

- Nasza mentorka CE-5, Deb Warren, osiąga dobre wyniki ze swoim Canonem D5 Mark 2 ISO 25,000. Aby zobaczyć próbkę jej zdjęć, wygoogluj: "CSETI Joshua Tree jewel-like ET Craft".

- Słynny filmik Vero Beach Twin Ships był nakręcony przy pomocy Sony A7S. Ta linia aparatów ma niezwykłe możliwości pracy przy słabym oświetleniu, ISO 100,00 do 400,000.

Specjalny aparat fotograficzny do uchwycenia ciał niebieskich:

Jeśli robienie fotek aktywności ciał niebieskich jest tym, co lubisz robisz, to najlepiej sprawdzają się starsze aparaty cyfrowe, które nie mają technologii "hot mirror" (filtrów podczerwieni). Użyj lampy błyskowej. W książce *The Orb Project* badacze użyli Pentax Optio 330 i Nikon Coopix 8800. Ktoś w naszej grupie używa Canon PowerShot sd1100IS z dużym powodzeniem. Aby otrzymać porady na temat tego, jak robić zdjęcia ciałom niebieskim, odwiedź stronę: https://orbwhisperer.com/orb-photography-tips.

Światło podczerwone $15 – 30 USD

Proste światło podczerwone użyte w nocy pomaga lepiej zobaczyć ciała niebieskie, kiedy korzystasz z gogli/kamery noktowizyjnej lub zwykłego aparatu fotograficznego, czy rejestratora wideo.

Jak uchwycić zjawisko na zdjęciach

Na zdjęciach pojawią się zjawiska, których nie widać w momencie robienia zdjęcia. Każdy aparat będzie do tego dobry. Instrukcje:

- Trzeba mieć zamiar uchwycenia zjawiska niefizycznego i/lub istot pozaziemskich.

- Zmierzch jest wyjątkowo dobrym momentem, aby to zrobić.

- Medytuj, skoncentruj się na komunikacji, poczuj przepływającą energię.

- Rób wyrywkowe zdjęcia okolicy i niebu.

- Jeśli jesteś w pomieszczeniach, spróbuj zrobić zdjęcia słabo oświetlonego pokoju z lampą błyskową. Celuj w obszary takie jak narożniki, a także tła, które nie są białe, ponieważ będą one łatwiejsze do zobaczenia podczas przeglądania.

- Podobno konkretny aparat będzie się kalibrować poprzez twój zamiar i uchwyci tym więcej zjawisk, im więcej będziesz go używać do tego celu.

ZDJĘCIA

Oto kilka zdjęć zrobionych przez członków naszej grupy i kilku współpracowników tego poradnika:

Dwa anomalne siwe kształty, okolice Calgary, listopad 2016 r.

Anormalna energia niewidziana gołym okiem.
Jezioro Motosu, Japonia, 21 marca 2015 r.

5-warstwowe zdjęcia poruszającego się, niewidocznego dla
oka statku, Mt. Shasta, Kalifornia, lipiec 2016 r.

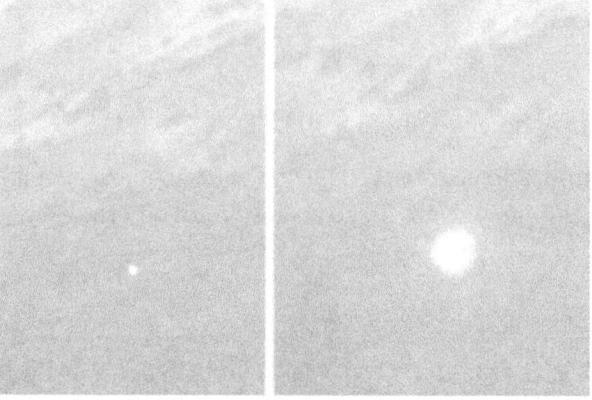

Migające światło na Mount Adams, przed i w trakcie
błysku. Nie ma żadnych dróg prowadzących do tego
miejsca. Wielkość jego jasności była również anomalna.
ECETI, Stan Waszyngton, maj 2018 r. (Uwaga:
noktowizory, takie jak monokular Luna Optics użyty do
zebrania tego materiału, rejestrują błyski i power-upy
jako jaśniejsze niż wydają się być dla oka).

Mnogość ciał niebieskich, ECETI, Stan Waszyngton, maj 2018 r.

Dwa UFO podróżujące w stronę domu, widziane przez dużą ilość świadków. Volcano, Kalifornia, listopad 2016

Klasyczne UFO, typ spodka, Tokio, Japonia, listopad 2016 r.

Podobno UFO ukrywa się przybierając czasami formę chmur. ECETI, Stan Waszyngton, lipiec 2017 r.

Horyzont widziany *przez* głowę Keiko, ECETI, Stan Waszyngton, maj 2018 r.

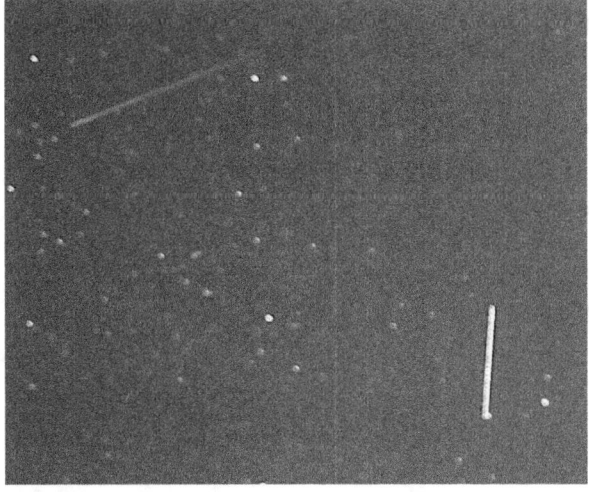

Streaker i jasna domniemana satelita, okolice Calgary, sierpień 2017 r.

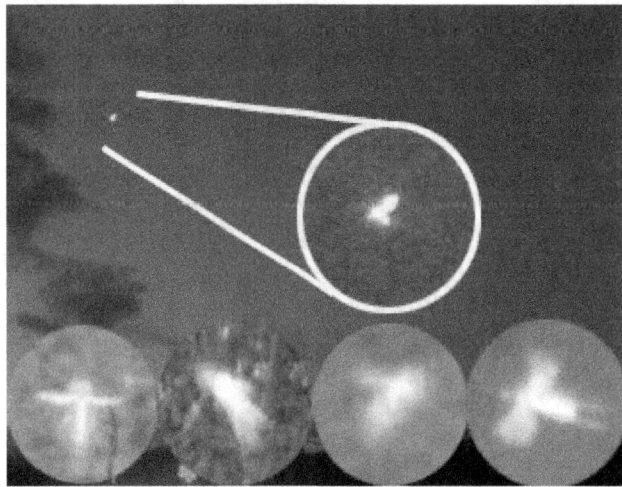

Anormalne światła, niewidzialne gołym okiem, ECETI, Stan Waszyngton, maj 2018 r. i Jezioro Buffalo, Alberta, lipiec 2018 r.

WEWNĘTRZNA KOMUNIKACJA

Ponieważ to doświadczenie jest bardziej związane z rozwojem niż z obserwacjami, spodziewaj się, że będziesz miał więcej wewnętrznych doświadczeń niż zewnętrznych, szczególnie na początku. Będzie się to wydarzać nie tylko podczas CE-5, ale także podczas snu, medytacji i w życiu codziennym. Będziesz wiedział, że się rozwijasz, kiedy będziesz czuł się coraz lepiej. Sposób, w jaki dzielisz się miłością i ją otrzymujesz, będzie bezwarunkowy, zależny tylko od twoich przekonań/stanu, a nie od innych/okoliczności będących poza twoją kontrolą. Ta część jest znacznie krótsza od części poświęconej komunikacji zewnętrznej. Wewnętrzne doświadczenia są intymne, unikalne dla każdej osoby i zazwyczaj niemożliwe, aby je w pełni przekazać. Dlatego tutaj będzie krótko i słodko, a my zapraszamy cię do wejścia w głąb siebie.

Bardzo ogólnie: wewnętrzna komunikacja i interakcja będzie przychodzić przez twoje pięć zmysłów. Jeśli jesteś nowy w praktykowaniu swoich ukrytych zdolności parapsychologicznych, będziesz potrzebował trochę praktyki, aby zacząć być świadomym tych doświadczeń:

- Jasnowidzenie: Widzenie wizji, symbolu, aury, energii, światła itp. Może to być w twoim umyśle, ale może też wydawać się całkowicie realne.
- Jasnosłyszenie: Słyszenie głosu, hałasu, dźwięku, muzyki itp. Może to być dzwonienie w uszach lub słowo, zdanie lub pobrany pakiet, który tłumaczysz. Może to brzmieć jak twoje myśli, "głos w twojej głowie" lub głos zewnętrzny. Może to być również zewnętrzny głos lub dźwięk.
- Jasnoodczuwanie: Odczuwanie czegoś w/na/blisko ciała - odczucia, energia, dotyk, emocje, wibracje, obecność itp. Ponownie, może być odczuwalne subtelnie lub wyraźnie.
- Jasnowąchanie: Wyczuwanie czegoś, czego inni nie potrafią dostrzec.
- Jasnosmakowanie: Smakowanie czegoś, czego inni nie są w stanie dostrzec.

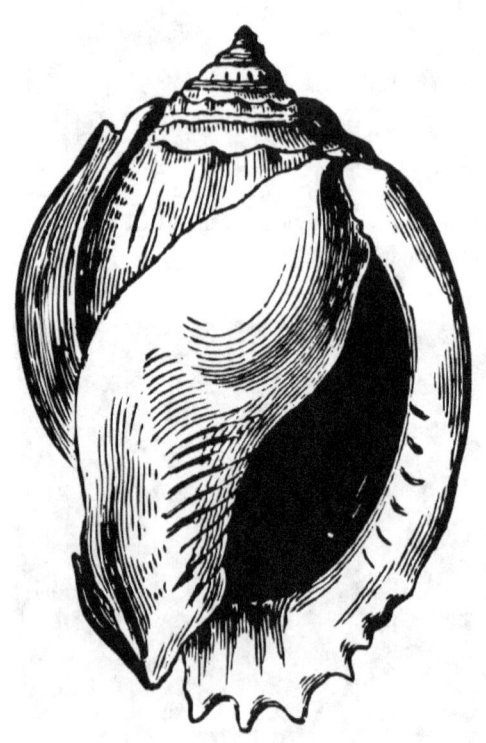

Możesz doświadczyć paru form komunikacji parapsychologicznej występującej w tym samym czasie. Możesz doświadczyć pełnej interakcji z istotą. Może być to łatwiejsze w stanie fal mózgowych Alfa lub Theta, w medytacji, w snach lub w stanie pomiędzy snem a jawą. Możesz mieć doświadczenie, które wydaje ci się w pełni fizyczne i rzeczywiste, a potem zdać sobie sprawę, że tak nie jest, kiedy ktoś inny nie może dostrzec tego samego. Synchroniczność może się nasilić. Możesz mieć odczucia w ciele wskazujące na pobieranie energii, "ulepszenia" lub uzdrowienia.

Ćwicz swoje zdolności parapsychologiczne: kiedy dzwoni telefon, zgadnij, kto to jest. Kiedy musisz dokonać wyboru w swoim życiu, poproś o wskazówki i podążaj za swoją intuicją. Pobierz aplikację ESP Trainer. Dowiedz się więcej o świadomych snach i zaproś doświadczenie/istotę pozaziemską, aby cię tam spotkała.

Specyficzne typy komunikacji

"Pobieranie" energii:

W terenie, możesz nagle zacząć odczuwać fale energii płynące w górę lub w dół ciała, które powoli się nasilają. W międzyczasie możesz odczuwać mrowienie w opuszkach palców i stopach i/lub skurcze mięśni w tułowiu. Możesz również odczuwać lekkie mdłości i mieć problemy z oddychaniem. Wszystkie te oznaki mogą wskazywać, że doświadczasz jakiegoś rodzaju "pobierania" energetycznego. Jeśli tak się stanie, połącz się z ziemią. Daj energii miejsce, do którego może się udać. Stawiaj stopy mocno na ziemi, najlepiej przy zdjętym obuwiu. Możesz też trzymać się za ręce z innymi członkami grupy. Ewentualnie, jeśli masz, możesz trzymać się dużego kryształu lub możesz też przytulić się do dużego drzewa. Postaraj się wziąć głęboki oddech i pozostać spokojnym i zrelaksowanym. Może to być niepokojące i nieprzyjemne uczucie, ale zaakceptuj tę energię jako specjalny dar. Może to oznaczać, że otrzymujesz strojenie energetyczne, "ulepszenie" DNA, oczyszczenie czakr lub specjalne uzdrowienie. Może to również oznaczać, że twoje ciało jest używane jako przewód do przesyłania wysokowymiarowej uzdrawiającej energii na ziemię. Cokolwiek to jest, w ciągu dnia lub dwóch będziesz się cieszyć wyraźnym poczuciem energetycznej otwartości, przebudzenia i uniesienia. Niektórzy ludzie donoszą, że to wyjątkowe doświadczenie trwale zmieniło ich życie w głęboki i pozytywny sposób.

Scalenie:

Gdy będziesz w relaksującym stanie i wysokich wibracjach, możesz nagle poczuć ciepło, nieostrość, mrowienie lub błogie wewnętrzne odczucia, które wolno się rozwijają, przemieszczają i krążą w twoim ciele. To może oznaczać, że doświadczasz scalenia; to znaczy, że zdematerializowana istota wchodzi w interakcję z twoim polem bioelektrycznym. Jest to bezpieczny sposób dla tej istoty, aby potwierdzić swoją obecność na poziomie energetycznym. Jest to jednak twoja decyzja podjęta poprzez intencję, aby powitać i podtrzymać tę interakcję lub ją przerwać. Wybór należy do ciebie. Istota ta może również wyrażać ciekawość i wybrać zgłębianie, studiowanie lub łączenia się z twoimi fizycznymi i subtelnymi ciałami energetycznymi. Może też dojść do uzdrowienia. Dla wielu osób takie połączenie jest wyjątkowym darem.

"Czy to moja wyobraźnia czy prawdziwe doświadczenie parapsychologiczne?" Odpowiedź nie jest tak ważna jak to, jakie jest twoje doświadczenie; tak czy inaczej ma ono osobiste znaczenie. Jednakże, w miarę nabywania praktyki, będziesz w stanie poznać różnicę. Kiedy staniesz się naprawdę czystym kanałem, będzie dla ciebie oczywiste, kiedy komunikacja będzie wprowadzana do twojego doświadczenia. Jeśli jesteś podczas CE-5, nie krępuj się, śmiało podziel się swoim doświadczeniem z grupą, niezależnie od tego, czy znasz jego źródło, czy nie. W nauce trzeba być nieustraszonym. Możesz zastrzec, że nie wiesz wszystkiego. Twoje doświadczenie może być ważne dla kogoś z grupy.

ZEWNĘTRZNA KOMUNIKACJA

Domniemane satelity

Wszystkie satelity nazywane są "domniemanymi", aby wskazać, że tak naprawdę nie wiemy co to jest, chyba, że jest to udowodnione. Satelity podróżują po niebie w wolnym tempie i mogą czasami rozbłysnąć, gdy słońce odbija się od niektórych urządzeń, takich jak panele słoneczne. Satelity NOSS lub satelity podobne do NOSS (z ang. Naval Ocean Surveillance System) występują w parach lub trójkątach. Weryfikacja prawdziwości satelitów jest zabawnym przedsięwzięciem. Oto kilka przydatnych punktów w tej debacie. Nie trać zbyt wiele czasu ani nie podchodź do tego zbyt poważnie, ponieważ naprawdę niezaprzeczalne obserwacje stoją na twojej drodze.

- Satelity mają rozmiary od kantalupa do dużego pikapa, a odległość orbity od Ziemi waha się od 180 km do 35 000 km. Jakie rozmiary satelitów można dostrzec gołym okiem?

- Międzynarodowa Stacja Kosmiczna (ISS) jest wielkości boiska do piłki nożnej i znajduje się tylko 400 km w górze. To widać (właściwie nie jest to satelita: jest to laboratorium naukowe, w którym przebywa od 3 do 10 astronautów w tym samym czasie. Fajnie, co?).

- Satelita Iridium jest wielkości ciężarówki, znajduje się na wysokości 780 km i jest ledwo widoczny (pierwsza generacja tych satelitów produkowała bardzo widoczne flary. Niestety, przy drugiej w pełni rozmieszczonej generacji, nie jest spodziewane błyskanie).

- Ruch: Większość satelitów porusza się w jednym kierunku: Zgodnie z ruchem obrotowym Ziemi z zachodu na wschód. Te wojskowe poruszają się prostopadle do tego kierunku: z północy na południe (lub z południa na północ). Nie ma wielu satelitów, które poruszają się ze wschodu na zachód, ponieważ ich wystrzeliwanie na orbitę retrogradacyjną jest droższe.

- Jednym ze sposobów, aby dowiedzieć się na 100%, czy satelita jest "domniemany" czy nie, to poproszenie go o power-upy lub zmianę kierunku. Zbierzcie swoje umysły i serca i o to poproście: inne grupy otrzymały odpowiedź!

- Niektóre domniemane satelity błyszcząco "migoczą" lub "mrugają". To może być satelita, który turla się w przestrzeni, odbijając słońce od błyszczącej części. Lub też nie.

- W niektóre noce widzimy BARDZO DUŻO rzekomych satelitów, w niektóre noce ledwo cokolwiek. Moglibyśmy spróbować wgryźć się w ten temat bardziej za pomocą aplikacji satelitarnej, ale znajdują się tam kosmiczne śmieci. Zrezygnowaliśmy z tego i niech "domniemany satelita" mówi sam za siebie.

Domniemane meteory, tzw. streakers

- Są one również nazywane "domniemanymi", ponieważ nie można ich udowodnić w ten czy inny sposób. Najbardziej anomalną częścią dotyczącą streakerów jest ich duża liczba, która może wystąpić w noc CE-5. Upewnij się, że nie jest to noc deszczu meteorów, jeśli chcesz zobaczyć różnicę.

- Jest wiele wariantów streakerów: rozmiar, prędkość, kolor, przebyta odległość. Na odosobnieniu w Mt. Shasta widzieliśmy streakery, które przemierzały całą szerokość nieba w ułamku sekundy, duże, grube, pomarańczowe i zielone, streakery, które się "chybotały" i streakera, który był w jednym kształcie, a później rozdzielił się na dwa.

- Streakery często pojawiają się w synchronicznych momentach, na przykład, gdy mówimy na zakończenie "Dziękuję" lub gdy istota pozaziemska chce podkreślić, że zgadza się z tym, co ktoś powiedział.

Domniemane gwiazdy

"Domniemane" gwiazdy będą poruszać się w przeciwnym kierunku niż wszystkie pozostałe gwiazdy. Będziesz potrzebował punktu odniesienia, takiego jak drzewo, aby to określić. Czasami mrugają lub świecą na różne kolory. Należy pamiętać, że gwiazdy znajdujące się blisko horyzontu również mrugają z powodu załamania światła.

Flashbulb

"Flashbulb" jest szybkim fleszem światła, które wygląda tak, jakby ktoś tam na górze zrobił ci zdjęcie używając do tego lampy błyskowej. Jest szybkie! Ten, kto pierwszy zobaczył flesz, mówi grupie, gdzie on był i wszyscy skupiają się na tym miejscu - bardzo często pojawiają się kolejne. Czasami flesze pozostają w jednym miejscu. Czasem poruszają się, czasem nieregularnie, czasem rytmicznie, czasem zygzakując, a czasem obierając kurs. Dwa razy widzieliśmy serię ponad 50 fleszy, było ich zbyt wiele, by dokładnie policzyć. Za pierwszym razem ludzie znudzili się po zliczeniu ponad 45 błysków i wrócili do opowiadania opowieści o UFO, gdy ja krzyczałam "...48!... 49!...50!". Uwielbiam moją grupę.

Power-up

"Power-up" zaczyna jako domniemany satelita, obiekt nisko latający, gwiazda lub coś, co wygląda jak samolot. Następnie, albo światło rozjaśnia się, albo wokół niego rozbłyskuje duże, jasne ciało niebieskie, albo "zapala się" wokół. Świetny przykład power-up znajduje się na kanale YouTube Deb Warren: https://www.youtube.com/watch?v=OHC8X4j-i38. Oglądając materiał filmowy, należy pamiętać, że noktowizory zwiększają ilość dostępnego światła, więc skala efektu power-up jest wyolbrzymiona w porównaniu z tym, co widzielibyśmy gołym okiem.

Obiekty bardzo nisko latające

To są ekscytujące obserwacje. DUŻO jaśniejsze niż cokolwiek innego w górze, te światła wydają się być niżej w atmosferze. Te, które widzimy, przemieszczają się po całym niebie, zwalniając, by niemal zatrzymać się na krawędzi.

Ciała niebieskie

Czym są ciała niebieskie? Prawdopodobnie widziałeś te kule światła na zdjęciach. Konwencjonalne wyjaśnienie jest takie, że są one światłem załamującym się na cząsteczkach kurzu. Jednak dziwne jest to, że mogą one poruszać się pod wiatr, przyspieszać, zwalniać, wykonywać skręty i zdawać się figlarnie uczestniczyć w wysokoenergetycznych sytuacjach. Mogą być ruchome lub nieruchome, występują we wszystkich kolorach i rozmiarach, od maleńkich po gigantyczne. Niektórzy ludzie widzą je gołym okiem. Większość ludzi widzi je za pomocą gogli noktowizyjnych (ECETI to świetne miejsce do zerknięcia przez kosztujące wiele tysięcy dolarów gogle noktowizyjne, którymi James się z nami uprzejmie dzieli). Starsze aparaty cyfrowe (bez filtrów IR) mogą być użyte do uchwycenia ciał niebieskich zarówno w pomieszczeniach, jak i na zewnątrz. Użyj lampy błyskowej, ale uważaj, aby nie oślepić nikogo z grupy (nie będą z tego powodu szczęśliwi!). Możesz również użyć zwykłego światła podczerwonego, aby ułatwić sobie obserwację ciał niebieskich w goglach lub podczas cyfrowej dokumentacji. Indywidualnie lub w grupie, możesz również zaprosić ciała niebieskie do zdjęcia - możesz być zaskoczony, jak wiele z nich pojawi się na zdjęciu!

Sondy

Małe światełka, które przylatują w pobliże grupy. Mogą nawet pojawić się wewnątrz kręgu kontaktowego. Mogą również pojawiać się jako małe iskrzące światełka. Mogą być inteligentne. Mogą zbierać informacje. Mogą po prostu mówić "Cześć".

Zniekształcone niebo

Punkt na niebie, która wygląda jakby przesuwały się przez niego fale ciepła lub punkt na niebie, który się mieni i który może mieć kolory lub być ciemniejszy.

Odróżnianie ludzkich maszyn

- Samoloty i helikoptery posiadają światła nawigacyjne i stroboskopowe, latają nisko, mają ograniczone prędkości i możliwości manewrowania oraz wydają dźwięki.
- Drony mogą, ale nie muszą mieć światło, emitują hałas, gdy jesteś wystarczająco blisko, aby go usłyszeć, mają ograniczone prędkości i możliwości i nie wolno im latać bardzo wysoko. Ostatni punkt może być nieistotny: ludzie mogą latać nimi wysoko niezależnie od przepisów.

Prawdziwa gratka: Statki istot pozaziemskich czy wojskowe statki kosmiczne (tzw. Reprodukcja Pojazdów Obcych/Alien Reproduction Vehicles lub ARV)

Wojsko ukrywa swoją własną flotę statków kosmicznych, które zostały stworzone na podstawie rozbitych statków UFO. Jedna z moich przyjaciółek wyszła za mąż za ściśle tajnego specjalistę wojskowego, który widział jeden z tych statków kosmicznych w Okolicy 51 (poleca on zorganizować Marsz Miliona Osób do bazy i żądać, aby inni mogli zobaczyć to, co tam ukrywają). Czy możemy dostrzec różnicę na niebie między ARV, a statkiem istot pozaziemskich? Prawdopodobnie nie. Przypuszczamy, że wojsko nie odpowiada na nasze zapytania telepatyczne.

Zarówno ARV i statki istoty pozaziemskie:

- Mogą wykonać obrót pod kątem prostym, odwrócić się lub zatrzymać i poruszać ponownie w sposób, w jaki samoloty, drony i helikoptery nie mogą.
- Wykonują "power-upy".
- Nie mają stroboskopów.
- Mogą rozwinąć niesamowite szybkości.

Nasze niezaprzeczalne grupowe obserwacje: w czasie odosobnienia w Mount Shasta prowadzonego przez Kostę, kilku z nas widziało około dziesięć świateł w dwóch idealnych formacjach, śledzących się nawzajem bezszelestnie po horyzoncie. Widzieliśmy również jasne światło, które poruszało się, zatrzymywało, poruszało, zatrzymywało i w końcu odleciało. Innym razem widzieliśmy światło lecące tak nisko, że oświetlało chmurę. To był niski przelot, a widzieliśmy jeszcze trzy kolejne niezwykle jasne światła, które przelatywały nad nami, a potem zwalniały, aż prawie zatrzymywały się na horyzoncie. Flashbulb należą, według nas, również do potwierdzonych obserwacji.

Odpuść

Nie daj się złapać na tym, że zastanawiasz się, czy istnienie UFO może być "obalone" lub czy jego pochodzenie jest nieznane czy też międzygwiezdne- jeśli dowody nie są przekonywujące, po co się o nie spierać? Zaakceptuj, że to może być statek kosmiczny i oszczędzaj energię na niezaprzeczalne doświadczenia. Grupy CE-5 na Facebooku zawsze przyciągną parę troli... Jeśli jesteś typem osoby, która jest wredna dla osób, u których zdolność rozpoznania jest sporna, nie doświadczysz wiele obserwacji UFO. To dlatego, że "wredność" jest niską wibracją, a jeśli masz niską wibrację, nie będziesz mieć łatwego dostępu do widzeń. Proszę, nie bądź tyranem dla innych.

"Dlaczego widzimy światła, a nie fizyczne pojazdy, takie jak statki typu spodek lub trójkąt?"

W ostatnich latach spadły obserwacje UFO z bliska. Zapytaj się osób, aby podzieliły się swoimi doświadczeniami z dzieciństwa albo doświadczeniami z UFO dawno temu, a usłyszysz niesamowite opowieści, tak jak te w naszej grupie: statek w kształcie dwunastościanu z wierzchołkiem obracającym się przeciwnie do podstawy, potężne czarne trójkąty pokrywające ogromne połacie nieba, metalowy statek we mgle prawie tak blisko, że można go dotknąć... poprzednie obserwacje UFO były superowe!

Dlaczego teraz w obserwacjach przeważają odległe światła? Może to być kwestia bezpieczeństwa. Istoty pozaziemskie mogą nie być w stanie zbytnio się zbliżyć z powodu przestrzeni powietrznej (szczególnie tej północnoamerykańskiej), która zrobiła się niesamowicie ciasna. Przypuszczam, że wojsko zestrzeliłoby te istoty, gdyby je zobaczyło. Jak miło.

Spotkanie istoty:

Do teraz nie mieliśmy żadnej bezpośredniej interakcji z istotami podczas naszych wydarzeń CE-5, ale jedna osoba z naszej grupy spotkała się twarzą w twarz z istotą w swoim domu. Mam również przyjaciela w moim sąsiedztwie, który jest rdzennym szamanem i który stanął twarzą w twarz z istotą podczas jednej z jej wizyt w świętym miejscu w tropikach w obecności kilku innych świadków. Kiedy moja przyjaciółka zobaczyła istotę, łzy zaczęły płynąć jej po twarzy... istota delikatnie się wycofała, wślizgując się z powrotem do dżungli. Byłoby to intensywne doświadczenie z wielu powodów, być może wśród nich głęboka ulga, przytłaczające uczucia miłości i/lub tęsknota za zjednoczeniem się z galaktycznymi rodzinami, od których zbyt długo byliśmy odseparowani.

Większość z nas nie jest nawet blisko bycia gotowym na spotkanie z istotą, tak jak szaman. Z natury boimy się tego, co nieznane lub inne, a na dodatek media zaprogramowały nas tak, abyśmy oczekiwali, że istoty pozaziemskie są wrogie i złe.

Dobrym ćwiczeniem jest przygotowanie grupy do interakcji twarzą w twarz. Rozluźnij się i wejdź w stan skupienia, a następnie przeprowadź wszystkich przez wizualizację, w której każda osoba spotyka istotę (zobacz przykład w sekcji 'Medytacja').

Innym dobrym ćwiczeniem jest wizualizacja "wpadnięcia" na istotę pozaziemską, podczas swojego codziennego dnia. Wyobraź sobie istotę pozaziemską na każdym rogu ulicy, na górze lub na dole schodów, w kafejce, w korkach będącą w samochodzie przed tobą itd. Możesz nawet udekorować ściany swojego domu zdjęciami istot

pozaziemskich. Dzięki tym czynnościom, przygotowujesz mentalnie i emocjonalnie swój umysł na to, aby zaakceptował bez strachu czy niepokoju, spotkanie z istotą pozaziemską. Twój system przekonań jest również przeprogramowywany, aby rozpoznać, że te małe spotkania są właściwie naturalne, normalne i prozaiczne. Ta strategia pomoże uwolnić te głębokie nieświadome przekonania, że spotkanie z rzeczywistą istotą pozaziemską jest niemożliwe.

Podczas CE-5 lub w codziennym życiu, możesz zauważyć pewne zjawiska, które delikatnie prowadzą cię do spotkania z istotą: słyszysz szuranie stóp, czujesz delikatny dotyk w okolicy swojego trzeciego oka lub gdzieś na ciele, słyszysz oddech. Istoty mogą pojawiać się w niefizycznej, międzywymiarowej formie, takiej jak iskrzące światła, ciała niebieskie, energetyczne, ciemne lub rozmyte kształty lub mogą być w pełni fizyczne. Donosi się, że podczas tych interakcji, zwykle towarzyszy poczucie głębokiej miłości, niezależnie od tego, czy komunikacja telepatyczna jest obecna, czy nie.

Inne zjawiska nie będące obserwacjami:

- Zmiany temperatury - twoje ciało lub otoczenie może się rozgrzać lub ochłodzić o wiele stopni.

- Zmiany ciśnienia - najczęściej można to odczuć w uszach. Może to oznaczać, że statek istot pozaziemskich znajduje się nad twoją głową.

- Zmiany pogody - takie jak zelżenie lub wzmożenie wiatru.

- Drżenie lub wibracje ciała, bóle ciała lub niekontrolowane, niespokojne pobudzenie.

- Włosy stojące na ciele.

- Dźwięki: brzęczenie, klikanie, buczenie, zwierzęta reagujące na obecność ludzi i istot pozaziemskich.

- Uczucie miłości tak silne, że ludzie są poruszeni do łez.

- Elektronika/światła spontanicznie się włączają lub wyłączają, piosenki same odtwarzają się na urządzeniach.

- Chmury - kształty, kolory, nietypowo poruszające się/kolorowe chmury.

Wskazówki

- Zachęcaj ludzi do dzielenia się obserwacjami i zjawiskami, gdy mają one miejsce. Ludzie często są nieśmiali i nie chcą przeszkadzać grupie. Zapewniaj ich, że dzielenie się jest korzystne dla całej grupy, ale jeśli czujesz, że ktoś jest zbyt zdenerwowany, również daj mu możliwość nie dzielenia się swoimi obserwacjami. To nie jest obowiązek.

- Często ludzie nie wierzą własnym oczom - nieustannie pytaj innych, czy widzieli coś i nie są pewni, czy było to prawdziwe, czy nie.

- Pozwól ludziom dzielić się wrażeniami nawet podczas medytacji. Nauczysz się w jakich momentach mówić "fajnie" i kontynuować medytację, a w jakich ją wstrzymać, aby zobaczyć dalszy rozwój wydarzeń.

Nie przegap: konwencjonalne zjawisko nocnego nieba

- Konstelacje, gwiazdy, planety, Międzynarodowa Stacja Kosmiczna, Teleskop Hubble'a, zorze polarne.

- Droga Mleczna: wybierz się w głąb natury i zobacz przepiękną Drogę Mleczną.

- Refrakcja atmosferyczna: gwiazdy na skraju horyzontu widziane przez warstwy ziemskiego wzburzonego powietrza wydają się "mrugać". Obejrzyj ten film, aby zobaczyć interesujące efekty refrakcji na Słońcu i gwiazdach.
  https://vimeo.com/188149183

Żeglowanie wikingów w czasie zorzy polarnej,
Gerhard Munthe, 1899 r.

"Dlaczego niektóre obserwacje UFO są wątpliwe? Dlaczego nie są bardziej oczywiste? O co chodzi z tą bzdurną historią o 'domniemanych'?"

Uważamy, że obserwacje na poziomie podstawowym są po to, aby być trudnymi do spostrzegania. Tak naprawdę jest to dla nas bardzo przystępne. Większość z nas ma zakorzeniony strach przed "Obcymi". Widząc coś i zastanawiając się, czy jest to prawdopodobnie dziełem człowieka, czy zjawiskiem naturalnym, czy może UFO nie jest straszne. Wstępne obserwacje służą też innemu celowi: to pomost dla wiary. Czy to mogło być to, co mi się wydawało? Czy mogę uwierzyć, że to może być UFO? Pomaga ci to wyjść na prostą i delikatnie otwiera cię na tę całą sprawę. Odsuwa też ludzi, którzy nie są gotowi - łatwo to odrzucają i nie zastanawiają się nad tym ponownie. Tak więc duża grupa różnorodnych ludzi może widzieć to samo, a jednocześnie mieć bardzo różne interpretacje. W życiu chodzi o to, aby mieć różne doświadczenia i tworzyć rzeczywistość, którą zdecydujemy się stworzyć. Obserwacje na poziomie podstawowym pozwalają każdemu na własne doświadczenia.

"Dlaczego niektórzy ludzie mogą coś zobaczyć, a ja nie?"

Często zdarza się, że ludzie patrzą dokładnie w to samo miejsce na niebie i jedna osoba zobaczy bardzo jasny flesz, a osoba obok nie widzi zupełnie nic. Albo gdy decydujesz się opuścić CE-5, a te kilka osób, które postanowiły pozostać, zobaczyły coś zaraz po tym, jak odszedłeś. Bardzo irytujące. Tak to już jest. Może nie jesteś gotowy, może to po prostu nie jest odpowiedni czas dla ciebie, a może po prostu mrugnąłeś oczami.

Pomyśl o tym, że pies może usłyszeć rzeczy, których my nie możemy. Tak samo jest ze wzrokiem: nasze fizyczne oczy mogą zobaczyć tylko bardzo mały zakres (szacunkowo 0,0035%) tego, co istnieje w spektrum elektromagnetycznym. W kontekście UFO, rzeczywistość, z której pochodzą istoty pozaziemskie i w której normalnie egzystują, jest inna niż nasza, a większość z nas nie może zobaczyć tego tak wysoko w skali wibracyjnej. Zatem oni muszą się dostosować do nas, a my musimy się wibracyjnie wspiąć na ich poziom. Możesz poszerzyć swój zakres, jak wielu już to zrobiło. Z intencją i rozwojem, będziesz widział rzeczy, których wcześniej nie mogłeś zobaczyć. Kiedyś byłam zazdrosna o kogoś w naszej grupie, kto regularnie widywał światła i ciała niebieskie wokół siebie. Teraz regularnie widzę wokół siebie iskierki i małe 'flesze'. Z czasem ty też tam dotrzesz. Postaraj się być podekscytowany razem z tymi, którym zazdrościsz, kiedy zobaczą coś, co ty też chciałbyś zobaczyć.

"Czy ja sobie to tylko wyobraziłem?" Może tak, może nie. Warto to zgłosić grupie.

"Może był to błąd percepcji?" Może tak, może nie. Mimo wszystko warto zgłosić to grupie.

> Uwagi dla lidera: Naprawdę musisz wyćwiczyć swój głos w taki sposób, aby kierował on innych. Widziałam rzeczy i mówiłam głośno do siebie, myśląc, że wszyscy mamy doświadczenia grupowe, a później okazało się, że nikt mnie nie słuchał i dlatego większość osób w grupie przegapiła nocną obserwację! Bądź rozkazujący: zadawaj bezpośrednie pytania i uzyskuj odpowiedzi: "Spójrz tam!" "Kto to widział?" "Zatrzymaj wzrok na tym świetle - jest w nim coś innego". W miarę nabierania wprawy, będziesz miał wyczucie, co jest warte zwrócenia większej uwagi.

MEDYTACJA

Medytacja ma wiele naukowo potwierdzonych korzyści:
- Relaksacja i uspokojenie
- Zmniejsza stres, niepokój, depresję, ból, bezsenność
- Zwiększa zdolność myślenia w sposób przejrzysty i szybki
- Pogrubia korę mózgową mózgu, poprawiając pamięć i koncentrację
- Zwiększa zdolność odczuwania
- Wzmacnia telomery w DNA odpowiedzialne za długowieczność
- Tworzy nowe neurony (do 30,000 na miesiąc, ogromna ilość mocy mózgu)
- Zwiększa objętość mózgu (normalnie mózg kurczy się wraz z wiekiem)
- Skurcza ciało migdałowate, część mózgu odpowiedzialną za "walkę" lub "ucieczkę" (wow!)

Medytacja, a CE-5

Medytacja pomaga ci się połączyć ze świadomością jednego umysłu. Kiedy stajesz się pustką (lub gdy łączysz się ze wszystkim- w jakikolwiek sposób chcesz o tym myśleć), jesteś w czystym stanie świadomości, który nie jest ograniczony czasem ani przestrzenią. Tak więc, komunikacja z kimkolwiek, w jakimkolwiek czasie i przestrzeni jest możliwa. Co więcej, medytacja służy jako narzędzie do oczyszczenia kanału i oswojenia "małpiego rozumu", aby przypadkowe myśli nie zakłócały lub zniekształcały wychodzących lub przychodzących wiadomości. Zatem, im więcej medytujesz, tym lepiej możesz telepatycznie komunikować się z naszymi gwiezdnymi przyjaciółmi. Podczas CE-5, polecamy zrobienie przynajmniej jednej medytacji przy zamkniętych oczach, aby naprawdę skupić się wewnętrznie i wejść w świadomość jednego umysły.

Czytanie tego rozdziału

Ten rozdział zawiera kilka przykładów medytacji/ćwiczeń grupowych od uczestników z całego świata. Możesz zabrać ten poradnik w teren i czytać na głos swojej grupie.

Odtwarzanie nagranych medytacji

Możesz odtwarzać medytacje dla wszystkich na urządzeniu (w ten sposób i ty możesz się przyłączyć). Medytacje są dostępne w aplikacji ET Contact Tool, możesz też przekonwertować dowolny filmik z YouTube na mp3, wyszukując konwerter w Google (na przykład https://ytmp3.com/).

Grupowe porozumiewanie się kanałami mentalnymi:

Jeden z członków naszej grupy miał szczęście wyjechać do Egiptu z Sixto Paz Wells w celu aktywacji energii. Zasięgnął porady od Sixto na temat CE-5. Sixto powiedział, że niezbędne jest nauczenie się przyjmowania komunikacji istot pozaziemskich jako grupa. Aby to zrobić, zasugerował wspólną medytację z intencją otrzymania wiadomości. Następnie, po medytacji, podziel się z innymi swoimi doświadczeniami. Jeżeli ktoś otrzyma wiadomość, która jest jasna i bezpośrednia, może to być komunikat. Kiedy kilka osób otrzyma tę samą informację, będziesz wiedział, że masz potwierdzoną wiadomość. Przekazy są zawsze pozytywne, nigdy nie są ostrzeżeniem ani nie mówią o katastrofie.

Twoja medytacja

Zanim spojrzysz na przykładowe medytacje w tej sekcji, weź pod uwagę, że najlepsza medytacja pochodzi z twojego serca. Tworzenie własnej medytacji jest proste. Możesz napisać ją z wyprzedzeniem lub na bieżąco wymyślić ją z grupą. Ponieważ podczas medytacji jest dużo przerw na oddychanie i kultywowanie miłej, wyluzowanej atmosfery, jest dużo czasu na zastanowienie się, co powiedzieć dalej. Jeśli nie pójdzie tak gładko lub dasz ciała, możecie wszyscy się z tego śmiać, co również pomaga stworzyć odpowiednią atmosferę.

Jak medytować

Medytacja jest prosta. Polega na SKUPIENIU. Możesz skupić się na:

- Muzyce
- Dźwiękach
- Intencji
- Pustce
- Połączeniu ze wszystkim i wszystkimi
- Mantrach
- Oddychaniu
- Uczuciu, takim jak wdzięczność
- Części ciała, np. na swoim centrum serca
- Swoim niebieskim świetle znajdującym się przed twoim trzecim okiem
- Wdychaniu energii pranicznej i wydychaniu jej do swojego ciała

Zacznij od 5 minut każdego dnia, raz dziennie przez miesiąc, a następnie przejdź do 5 minut dwa razy dziennie. Zwiększ do około 15 minut dwa razy dziennie. W pracowite dni staraj się utrzymać nawyk: siadaj, nawet jeśli tylko na 5 minut. 5 minut dziennie jest lepsze niż 20 minut raz w tygodniu. Nie zniechęcaj się, jeśli nie poczujesz zmiany lub efektu od razu. Potrzeba czasu, aby się przyzwyczaić. Wypróbuj dźwięki binauralne w zakresie Theta, aby pomóc swojemu mózgowi zrelaksować się w głębokiej medytacji. Możesz spróbować czegoś podobnego do medytacji, np. kolorowania, spaceru, grania na instrumencie lub jazdy samochodem. Jeśli po prostu medytacja nie jest twoją rzeczą, to również w porządku. Choć jest korzystna, nie jest niezbędna.

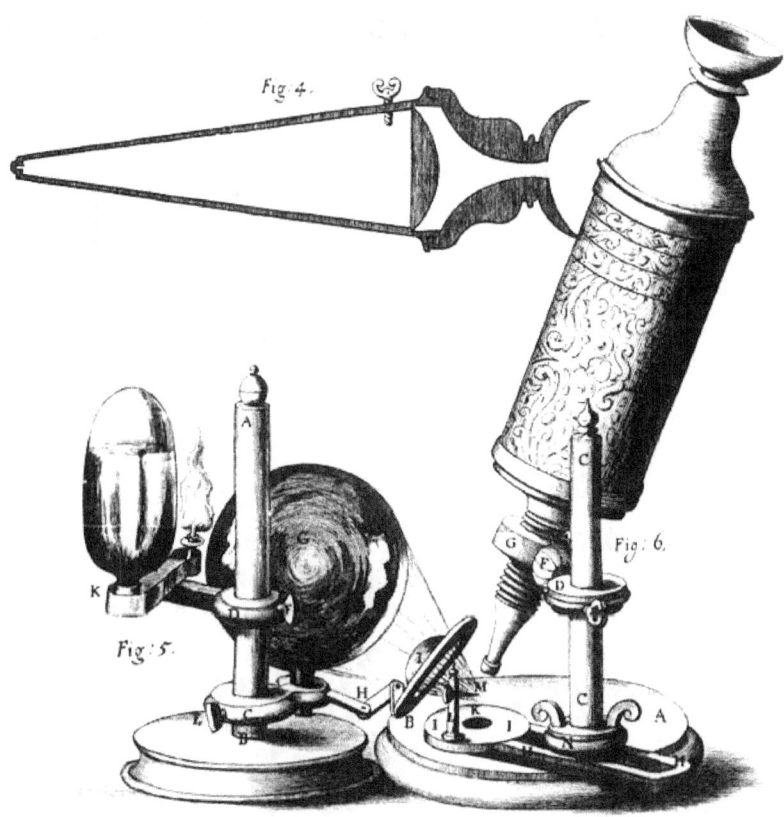

Mikroskop Roberta Hooke'a, 1665 r.

"Jest o wiele więcej dowodów na
to, że medytacja grupowa może
wygasić wojnę tak,
jak wyłącza się światło,
niż dowodów na to,
że aspiryna zmniejsza ból głowy"

—John Hagelin

Przewaga grupy:

Jednym z powodów, dla których CE-5 działa tak dobrze jest fenomen grupowych medytacji. Istnieje kilka badań, które pokazują, że kiedy medytujemy jako grupa, jesteśmy bardzo potężni. Wykazano, że medytacja grupowa (tak zwany Efekt Maharishiego) obniża przestępczość, samobójstwa i zgony w pobliskich obszarach od 13% do 82% (ze średnią +70%) podczas sesji.

Dr John Hagelin jest fizykiem kwantowym i rektorem Uniwersytetu Maharishi University of Management w Fairfield, Iowa. Mówi on:

> "Ponad pięćdziesiąt projektów pokazowych i dwadzieścia trzy badania opublikowane w wiodących recenzowanych czasopismach wykazały, że to nowe, oparte na świadomości podejście do pokoju na świecie neutralizuje etniczne, polityczne i religijne napięcia w społeczeństwie, które powodują przestępczość, przemoc, terroryzm i wojny. Podejście to zostało przetestowane na poziomie lokalnym, stanowym, krajowym i międzynarodowym i za każdym razem się sprawdzało, skutkując wysoce znaczącym spadkiem negatywnych trendów społecznych i poprawą trendów pozytywnych. Duże grupy ekspertów tworzących pokój, praktykując razem te technologie świadomości, zanurzają się głęboko wewnątrz siebie do najbardziej fundamentalnego poziomu umysłu i materii, który fizyka nazywa zunifikowanym polem. Z tego poziomu życia tworzą falę harmonii i spójności, która może trwale zmienić społeczeństwo na lepsze, co potwierdzają badania. To oparte na świadomości podejście jest holistyczne, łatwe do wdrożenia, nieinwazyjne i opłacalne" (aby uzyskać więcej informacji, zobacz http://www.permanentpeace.org).

Niedzielne medytacje

Kilka grup na całym świecie medytuje w każdą niedzielę, wizualizując pokojowe zmiany dla planety. Aby dołączyć do jednej z tych grup wejdź na następujące strony:

> https://www.facebook.com/groups/128179887330632/
> http://2012portal.blogspot.com/2016/08/make-this-viral-weekly-ascension.html

Dowiedz się więcej:

> http://www.worldpeacegroup.org/washington_crime_study.html
>
> http://thespiritscience.net/2015/06/18/studies-show-group-meditation-lowers-crime-suicide-deaths-in-surrounding-areas/
>
> https://www.thewayofmeditation.com.au/scientific-evidence-mass-meditation-can-reduce-war-and-terrorism

Chcemy również wspomnieć, że rośnie liczba grup organizujących sesje medytacyjne na całym świecie. Kiedy umysły i serca zbiorowo skupiają się na pokoju - na życzliwości dla zwierząt, międzynarodowej harmonii, wzajemnym szacunku, ochronie środowiska, dobrobycie dla wszystkich, czegokolwiek chcesz dla swojego świata - energia jest wykładniczo powiększona i przybliża każdego dnia manifestację tych ideałów. Wartość modlitwy i aktywnego lub zdalnego uczestnictwa w grupach medytacyjnych jest nie do przecenienia.

- Przesłanie od Matthew, 14 lutego 2018 r.

Wizja Nowego Świata (Dr Greer)

Złapmy się za ręce z innymi osobami i zobaczmy, jak tworzy się doskonały krąg światła. Poczujmy w sobie głęboki spokój, ciszę i bezruch. W swoim wewnętrznym widzeniu uświadamiamy sobie, że istnieje międzywymiarowy statek międzygwiezdny, który jest wokół nas, a my jesteśmy w nim. Istoty pozaziemskie medytują razem z nami i widzimy ten piękny pierścień światła, gdy trzymamy się nawzajem za ręce. Między nami porozrzucane są formy życia istot pozaziemskich, które przesunęły się poza przejście światła i trzymają się z nami za ręce. Kiedy wchodzimy razem w ten czysty stan ciszy, widzimy głęboko w każdym z nas źródło czystego światła: świadomość przekształconą w światło. Wznosi się w górę przez nasze czakry wzmocnione światłem ziemi i mocą Gai i osiąga poziom naszego serca, a następnie wznosi się do naszej czakry korony i wybucha w przestrzeń ponad nami. Tworzy to doskonałą kolumnę światła. Najpierw każdy z nas indywidualnie wystrzeliwuje te kolumny, a potem nasze kolumny zlewają się w jedną i to światło przechodzi z lewej strony na prawą wokół kręgu i staje się jednym masywnym snopem niebiańskiego światła, które wznosi się w przestrzeń kosmiczną, przebijając stratosferę. To światło rozprzestrzenia się, nasze światło i dobroć w ziemi i ludzkości oraz nasz pełny potencjał oświecenia rozprzestrzeniają się z tego miejsca do każdej gwiazdy i każdej galaktyki i każdej inteligentnej formy życia w kosmosie. Prosimy Wielkiego Ducha, który jest nieskończony i nieograniczony, aby umożliwił temu pięknemu światłu, jako wiązce idącej w górę, bycie przewodnikiem dla cywilizacji zdolnych do podróży międzygwiezdnych, żeby przybyły do tego miejsca na ziemi. Ostatecznie widzimy, jak ta wiązka światła wchodzi w rozległy międzygwiezdny środek. Ma on tysiące mil średnicy głębokiej przestrzeni kosmicznej. To tutaj przez miliony lat od niepamiętnych czasów zbierali się ambasadorowie innych cywilizacji. Widzimy, że na nas wyraźnie patrzą, wtedy, gdy widzimy ich w naszym własnym umyśle. Prosimy ich, aby przyłączyli się do nas tutaj i w swojej istocie myślowej to robią. Widzimy, że wysyłają oni przez nas z powrotem kosmiczne światło płynące z zenitu niebios do tego pięknego kręgu ludzi i przez nas na ziemię, a ziemia dźwięczy jak dzwon. Rezonans tego kosmicznego światła dociera do każdego mężczyzny, kobiety i dziecka na ziemi i widzą oni nową wizję nowego świata, która manifestuje się z naszego wnętrza na fizycznej ziemi. Prosimy Wielkiego Ducha, aby serce, umysł, istota i duch każdego mężczyzny, kobiety i dziecka na ziemi, przebudziły się do odebrania prostej prawdy, że jesteśmy jednym ludem w kosmosie i nadszedł czas, abyśmy weszli do uniwersalnej cywilizacji i niekończącego się pokoju. Widzimy ujawnienie wszystkich tajemnic, które były trzymane z dala od ludzkości. Cudowne technologie, które mogłyby zamienić ziemię w różany ogród pokoju i obfitości i wprowadzić dobro dla ludzkości. Widzimy wszystkie te siły na ziemi, które są regresywne lub opierają się temu, przekształcone przez piękno tej wizji. Teraz widzimy, jak to światło staje się coraz silniejsze i widzimy skrystalizowany w naszym umyśle i naszej wizji Nowy Świat. Będzie to niekończący się i nieprzerwany czas pokoju przez setki tysięcy lat. Podczas gdy na początku może to być zewnętrzny pokój, rzeczywistość jest taka, że rozwinie się on w wiek oświecenia i w miarę upływu czasu, każde dziecko urodzone na ziemi urodzi się w świadomości kosmicznej, a więc rozwinie się w świadomości Boga i uniwersalnej świadomości jedności. Gdy ludzkość ewoluuje w ten sposób, widzimy, że stajemy się ambasadorami na innych planetach, szerząc oświecenie z ziemi, tak jak

oświecenie zostało przyniesione na ziemię przez starożytnych przed nami. Nasze serca są przepełnione radością z powodu tej wizji i prosimy, aby Wielki Duch pomógł nam uczynić ją taką i zapraszamy te międzygwiezdne cywilizacje cierpliwie oczekujące naszego przybycia, aby pomogły nam tak, jak my obiecujemy pomóc im. Dzieci na ziemi będą punktami wejścia, przez które ta wiedza, wizja i rzeczywistość przejawiają się na ziemi. Dlatego prosimy Wielkiego Ducha, aby ten piękny czas, o którym wiemy w naszych sercach, że jest przeznaczeniem ludzkości, rozpoczął się. Poświęcamy się ze sobą nawzajem, z Ziemią, z kosmosem i z tymi wszystkimi gośćmi, naszymi braćmi i siostrami z każdego systemu gwiezdnego, aby stworzyć Nowy Świat i widzimy, że on właściwie już się narodził, w sferze idei i jest gotowy, aby się urzeczywistnić, wymagając naszego działania. Tak więc przy pewnym wysiłku z naszej strony, wspomaganym przez Wielką Istotę, niewidzialne sfery, świat duchów i te międzygwiezdne cywilizacje, to co wydaje się niemożliwe staje się nieuniknione. Zobaczymy, jak to się urzeczywistni w ciągu naszego życia, a nasze serca są przepełnione miłością i radością wizji Nowego Świata. Namaste.

Globalna inicjatywa CE-5 (Kosta)

1. Nawiązuj ten kontakt z istotami pozaziemskimi kiedykolwiek i gdziekolwiek, gdzie jest dla ciebie dogodnie, wygodnie i bezpiecznie.

2. Wybierz miejsce i ludzi, którzy twoim zdaniem są zgodni, szanują się i entuzjastycznie podchodzą do tego skoordynowanego wysiłku. Jako "istoty wibracyjne", strach lub inne silne emocje mogą wpłynąć na twoje wyniki*. Wnieś swoją dobrą wolę, miłość, radość i otwartość do tego doświadczenia. Istoty pozaziemskie odbiorą twoje szlachetne i pozytywne wibracje. Możesz również zrobić to sam.

3. Połącz się sercem z członkami swojej grupy. Niech krąży energia miłości.

4. Wyobraź sobie kulę miłości w centrum waszego kręgu połączoną z każdym sercem. Rzuć tę kolumnę energii miłości wysoko w niebo jako świetlisty, wibrujący sygnał dla naszych Gwiezdnych Przyjaciół.

5. Kiedy wchodzisz w medytację w swojej wyobraźni połącz się sercem z wszystkimi innymi światowymi grupami nawiązującymi kontakt z istotami pozaziemskimi, które dołączają się na całej planecie. Następnie z miłością dołącz również naszych Gwiezdnych Przyjaciół, którym wysyłasz zaproszenie i kierujesz ich do swojej lokalizacji.

Możesz poprowadzić ich do tej lokalizacji poprzez projekcję swojej świadomości w ich stronę i wizualizację, jak podróżować od Słońca w naszym Układzie Słonecznym do naszej Ziemi. Zbliżając się do niej w wyobraźni, przybliżaj swoje konkretne miejsce na powierzchni. Pokaż im obrazki, gdzie mogą cię znaleźć!

6. Umysłowo i sercem, POPROŚ naszych pozaziemskich przyjaciół, co ty i my możemy zrobić we współpracy z nimi, aby doprowadzić do uzdrowienia naszej planety Ziemi. Zaproś ich do większego udziału w naszych ludzkich sprawach, przyznając, że to jednak ludzkość jest odpowiedzialna za rozwiązywanie swoich problemów.

7. Pamiętaj, że kontakt z istotami pozaziemskimi może przyjąć różne formy. Może to być obserwacja gwiezdnego statku kosmicznego, doświadczenia świadomego snu, otrzymania wiadomości telepatycznej, dotknięcia na ramieniu lub kolanie, zauważenie dziwnych elektrycznych zjawisk z urządzeniami komunikacyjnymi lub światłami, i wiele więcej.

8. Następnie, dodaj, proszę, swoje wrażenia przy wydarzeniu CE-5 do archiwum raportów ET Let's Talk!

*UWAGA: To, jak podchodzisz do doświadczenia z CE-5 jest DECYDUJĄCE. Jeśli przyjmujesz postawę strachu, głębokiego sceptycyzmu, wrogości, ciasnego umysłu ... są duże szanse, że nie uda ci się nawiązać kontaktu.

Uniwersalna jedność

Zamknij oczy i weź trzy głębokie oddechy, wydychając z westchnieniem za każdym razem.

Kontynuuj koncentrację na oddechu: z każdym wdechem wdychaj energię światła, która cię otacza. Z każdym wydechem uwalniaj wszystkie zmartwienia dnia, walkę o przetrwanie, cały stres i negatywność... Nie ma nic do zrobienia, nie trzeba nigdzie iść ani nikomu zaimponować. Wdychaj spokój, wydychaj uwolnienie.

Słuchaj wiatru w drzewach (lub warkotu ruchu ulicznego lub szumu elektryczności, w zależności od miejsca, w którym się znajdujesz). Rozszerz swoją świadomość na zewnątrz tak, aby objąć twoich przyjaciół obok ciebie, pobliskie drzewa i zwierzęta, ludzi w samochodach na autostradzie, zabiegane miasta i dalekie kraje. Jesteś każdą osobą i każdą rzeczą i możesz poczuć, jak to jest jechać autostradą, być dzieckiem bawiącym się w parku lub mieć szeleszczące liście w koronach drzew.

Twoja świadomość rozszerza się dalej, włączając rozległe połacie ziemi i oceanów, przestrzeń kosmiczną, obejmując nasz Układ Słoneczny i nieskończoność, gdzie możesz usłyszeć głęboki szum planet krążących wokół swoich słońc, poczuć wirujące galaktyki i zobaczyć miękkie kolorowe obłoki mgławicowe. Jesteś rozległym, głębokim kosmosem... jesteś wszystkimi cudami natury: planetami, księżycami i gwiazdami, lasami, wodospadami i falami, mieszkańcami światów. Usłysz zarówno wiatr w drzewach w pobliżu, jak i muzykę wszechświata. Jesteś wszystkim i wszystkimi.

Zmniejsz tę świadomość do przestrzeni bezpośrednio przed twoim trzecim okiem. Pozbądź się swojej osobowości, indywidualności, rzeczy, które rozpraszają twoją uwagę, swoich myśli. Jesteś w pustce, unosząc się w ciemności. Jesteś pierwotną świadomością. Czujesz spokój nieskończonej miłości... jesteś ostateczną rzeczywistością, która jest błogością.

Mogą się przewijać myśli i obrazy, a ty pozwalasz im odejść i powracasz do tego jedynego punktu koncentracji i świadomości. Stałeś się pojedynczym punktem świadomości, która jest tą samą świadomością, którą odczuwa każda inna osoba na ziemi, każda inna przebudzona i świadoma istota. Relaksujesz się w tej spokojnej świadomości, gdy ona ciebie zrównuje i łączy z uniwersalną jednością.

Każdy moment jest medytacją (Matt Maribona)

Matt sam odkrył, jak nawiązać kontakt z istotami pozaziemskimi, wiele lat przed tym, jak dołączył do społeczności CE-5. Jego przykład pokazuje, że każdy z nas może znaleźć naszą unikalną drogę do nawiązania kontaktu.

CE-5 nie jest tylko pojęciem; jest to praktyka miłości, wspólnoty i integralności. CE-5 polega na byciu wyjątkową, kochaną i radosną istotą, którą JESTEŚ. CE-5 jest tylko początkiem niesamowitej przygody, która pomoże zmienić świat, takim jakim go znamy. Medytacja CE-5 nie ma początku ani końca. CE-5 jest po prostu o byciu. Tam, we wszechświecie, jest nieskończenie wiele cudów. W galaktykach, gwiazdach i planetach są inne unikalne, kochające i radosne istoty, takie jak my, które po prostu są. Są tam, czekając na nas, abyśmy uświadomili sobie, jak wyjątkowy jest nasz świat i całe życie. PRZYBYWAJĄ z całego ogromu możliwości, aby rzucić na ciebie wspaniałe światło. Wszystko, co musimy zrobić, to połączyć się razem i rzucić to światło na nasz świat i nas samych. Każdego dnia, gdy się budzimy, powinniśmy manifestować dobro w naszych życiach. Nasze myśli są bardzo potężne i mogą być użyte do tworzenia rzeczywistości, w której żyjemy. Wszystko jest świadomością. Jesteśmy zasadniczo tym, co myślimy. Jako gatunek możemy wspólnie stworzyć świat, który czci miłość do wszystkich rzeczy. To zaczyna się w TOBIE. W ciągu dnia i w nas samych powinniśmy być zmianą, którą chcemy widzieć w świecie. Musimy być życzliwi dla siebie nawzajem. Musimy dbać o nasz świat i brać odpowiedzialność za swoje czyny. Więcej się uśmiechać, podawać rękę nieznajomemu, robić dobre uczynki, nieść wszędzie nadzieję, okazywać wszystkim miłość. Ten świat jest rajem i wszystko jest tu dla nas zapewnione. Oddzielenie trzyma nas z tyłu. Oddzielenie od nas samych, od siebie nawzajem, od świata i wszechświata. Pod koniec dnia, gdy gwiazdy wychodzą, by świecić dla ciebie, wszystko, co musisz zrobić, to po prostu powiedzieć: "Witaj, jestem tu z powodu miłości i nadziei". Twoje codzienne życie jest medytacją. Serce, które bije w tobie, jest wszystkim, co się liczy. Kiedy już znajdziesz ten środek serca, wszystko, co musisz zrobić, to po prostu spojrzeć w górę i powiedzieć: "Oto jestem, czy chciałbyś się do mnie przyłączyć?". To jest to! Kiedy nawiążesz kontakt, zobaczysz, że miłość jest wszystkim, co się liczy i wszystko, co jest robione z miłością, jest robione z najlepszymi intencjami, otwartym umysłem i otwartym sercem. Im więcej jest osób o tej samej częstotliwości i wibracji, tym głębsze będą doświadczenia. Im bardziej będziesz świecić swoim światłem, tym bardziej oni będą świecić swoim. Czekają tam na nas nawet teraz, gdy to czytasz. Jesteście kochani. Okaż im trochę miłości w zamian. Zróbcie to razem. Po prostu bądźcie.

Złoty wiek

Weź trzy głębokie oddechy i uwolnij wszystkie stresy i zmagania codziennego życia. Połącz się z ziemią i poczuj swoje połączenie z różnorodnością Gai, ludzkości, wszystkich istot we wszechświecie i ze Źródłem. Poświęć kilka chwil na wyśrodkowanie i rozgoszczenie się w swoim prawdziwym ja. Oddychaj i głęboko się zrelaksuj.

Teraz połącz umysł i serce ze wszystkimi w grupie. Wyobraź sobie ewolucję i postęp ludzkości. Poczuj swoją świadomość świata takiego, jakim jest teraz, przygotowanego na utopię, która ma nadejść. Jest to dar i zaszczyt być w ludzkiej formie na tej planecie w tym czasie. W swoim umyśle zobacz płynny postęp ciągłego świtu nowej ery, która jest przed tobą. Zobacz, jak skorumpowani przywódcy i manipulatorzy świata pokojowo ustępują i ponoszą odpowiedzialność za swoje działania. Zobacz, jak popularne media uwalniają się z uścisku kontroli, udostępniając wszystkim istotne informacje. Bądź świadkiem powolnego i stałego ujawniania obecności naszej gwiezdnej rodziny. Raduj się widząc nadzieję i ulgę pojawiającą się na twarzy każdej osoby, gdy uświadamia sobie, że nie jesteśmy sami. Gdy masa krytyczna ludzi zaakceptuje i przyjmie tę nową rzeczywistość, zobaczymy naukowców pracujących bez przeszkód, wdrażających technologie już nam podarowane, rozprowadzających darmową energię po świecie. Zobacz świat skąpany w harmonii i miłości. Zachwyć się obfitością i pokojem, który będzie dostępny dla wszystkich.

Wyobraź sobie, co będziesz robił w tym nowym świecie. Wyobraź sobie uwolnienie jeńców wojennych... uwolnienie niewolników... wyleczenie chorób... nakarmienie głodnych... darmową energię dla wszystkich... komunikację z istotami z innych światów... jak będzie wyglądał twój dom... jak będzie wyglądał twój osobisty statek kosmiczny... wakacje do gwiazd lub dookoła globu... jak wygląda twój dzień... w co wkładasz swoją energię do pracy... i co robisz dla zabawy... skup swój umysł na tym, co rozpala twoje serce!

Otwórz się, aby usłyszeć inspirację od swojego wyższego ja na temat tego, jakie działania możesz podjąć, aby ułatwić tę zmianę. Poświęć chwilę, by posłuchać wskazówek, jak najskuteczniej uczestniczyć w tym radosnym procesie.

Musisz wiedzieć, że ta piękna wizja przyszłości nadchodzi; to tylko kwestia czasu. Wywołaj uczucia wdzięczności i spokoju dla tej rzeczywistości, która już istnieje w ponadczasowym przepływie.

Spotkaj się z Istotą

Stwórz intencję, że twoja grupa wykona medytację, w której spotkacie istotę w ramach przygotowania do ewentualnego kontaktu twarzą w twarz. Niech grupa zastanowi się, jakiego rodzaju istotę chcieliby spotkać: Podobną do człowieka? Niepodobną do człowieka? Do wyboru między innymi: Plejadianie, Nordowie, Apunianie, Hathorowie, Lwie Istoty, Arkturianie, Ptasie Istoty, Dobroczynni Szarzy i Reptilianie itd.

Alternatywnie, mogliby spotkać się z członkami grupy ET przypisanej twojej grupie CE-5 lub ich osobistym emisariuszem ET.

(Ciekawostka: Paul Hellyer, jeden z byłych kanadyjskich ministrów obrony, mówi, że istnieją 82 gatunki obcych, o których wiadomo, że odwiedziły Ziemię).

Otwórz medytację z jakimkolwiek rodzajem ćwiczenia oddechowego lub relaksującego. Możesz zacząć od ćwiczeń polegających na napinaniu mięśni i relaksacji lub możesz użyć wizualizacji: wchodzisz do windy i odliczasz dziesięć pięter, przy każdym mijającym piętrze stajesz się coraz bardziej zrelaksowany. Jest szczególnie ważne, aby podczas wykonywania tej medytacji być tak zrelaksowanym, jak to tylko możliwe, więc nie spiesz się z tą częścią - niech będzie to około połowa czasu poświęconego na medytację. Celem jest uzyskanie takiego stanu odprężenia, w jakim wszyscy jesteśmy tuż przed przebudzeniem: jest to często najbardziej odprężający moment w ciągu dnia.

Kiedy już wprowadzisz wszystkich w stan głębokiego relaksu, niech każda osoba stworzy bezpieczne miejsce, w którym chciałaby się spotkać z istotą pozaziemską. Może to być święte miejsce, park, łąka, plaża, na której Jodi Foster spotkała swojego "tatę" w filmie "Kontakt", galaktyczna stacja kosmiczna itp. Jeśli używasz techniki windy, niech drzwi otworzą się do tego bezpiecznego miejsca. Kiedy każda osoba wejdzie do tej przestrzeni, niech przedstawi szczegóły: widoki, dźwięki, zapachy, ziemię pod stopami. Niech przejdą do miejsca, w którym spotkają istotę.

Niech każda osoba stworzy swoje zaproszenie w dowolny sposób: rozmowa telefoniczna, rozmowa telepatyczna, zaproszenie pisemne, e-mail itp. Wizualizuj istotę, która otrzymuje wiadomość i wyrusza w drogę.

Teraz wyobraź sobie pierwszy poziom kontaktu. Czy jest to oglądanie statku kosmicznego w oddali? Obserwowanie istoty stojącej na skraju odległego końca plaży? Usiądź i kontempluj o tym przez chwilę. Przyzwyczaj się do tego stanu, kontynuuj oddychanie i poczuj się głęboko zrelaksowany.

Teraz powiedz grupie, aby poprosiła istotę, żeby podeszła bliżej. Daj grupie około pięciu minut na połączenie się z tą istotą w tempie, które jest dla niej najwygodniejsze. Przypomnij im, aby nadal pielęgnowali swój stan głębokiego relaksu. Wskaż grupie, że każdy z nich ma kontrolę nad tą interakcją i że w każdej chwili może poprosić istotę o podejście lub wycofanie się. Powiedz im, że jeśli sytuacja stanie się niekomfortowa lub będzie wywoływać strach, niech oddychają do tych uczuć i pozwolą im się rozpłynąć, zastępując je zaufaniem, miłością i uznaniem.

Po upływie czasu, poleć grupie, aby zakończyła swoją komunikację z istotą.

Niech podziękują istocie i posłuchają jej odpowiedzi. Kiedy istota oddala się, przypomnij grupie, aby kontynuowała to uczucie odprężenia. Poproś ich, aby zwrócili uwagę na to, jak się czują: czy są pod wrażeniem tego, że potrafią zapanować nad własnymi emocjami i pozwolić, aby ta interakcja miała miejsce? Czy odczuwają wdzięczność za to, co uważają za wystąpienie lub rzeczywistą interakcję życzliwości i miłości? Pozwól im rozkoszować się ciepłem tej interakcji po odejściu istoty.

Teraz, delikatnie przywróć każdą osobę do naszej wspólnej rzeczywistości. Jeśli jechaliście windą, wróćcie na kolejne piętra, czując się bardziej przebudzeni w miarę pokonywania każdego z nich. Zaproś

ludzi do poruszenia palcami u rąk i nóg, jeśli mają ochotę, lub do wzięcia kilku głębokich oddechów podczas aklimatyzacji w miejscu, w którym się z powrotem znajdują.

Hathorowie pomogli ludziom ze starożytnego Egiptu. Powyższe wizualne przedstawienie pochodzi z instrumentu muzycznego, 664 – 525 r. p.n.e.

Szybka i brudna medytacja CE-5 (Deb Warren)

Można znaleźć tę medytację na stronie: https://www.youtube.com/watch?v=spkk6TwWpzg&feature=youtu.be

1. Zobacz dużą złotą kulę energii formującą się przy twojej czakrze serca, coraz większą i jaśniejszą, a następnie przesuwającą się z lewej strony na prawą wokół kręgu, w kierunku przeciwnym do ruchu wskazówek zegara, przechodząc przez czakrę serca każdej obecnej osoby. Wiruje szybciej tworząc złoty pierścień, a nasza grupa zaczyna czuć się bardziej spójna, następnie wiruje jeszcze szybciej spłaszczając się do złotego dysku, a my zaczynamy czuć się jeszcze bardziej spójni - jesteśmy grupą odbywającą tę podróż razem.

2. Teraz jako grupa zaczynamy śpiewać mantrę: Im Na Ma. Im Na Ma, Im Na Ma, formując w naszym umyśle czworościan Merkaba. A teraz dysk pojawia się jako złoty statek istot pozaziemskich, który otacza nas wszystkich. Zaczyna on delikatnie unosić się w górę unosząc nasze ciała astralne/świetlne i zatrzymuje się tuż nad nami.

3. A teraz … hiper skok.

4. Znajdujemy się teraz na orbicie geostacjonarnej, wysoko ponad naszym miejscem na Ziemi. Szukajcie planety Saturn, która jest naszym celem.

5. A teraz … hiper skok.

6. Jesteśmy teraz nad pierścieniami Saturna i możemy zobaczyć dużą stację kosmiczną istot pozaziemskich na orbicie pomiędzy pierścieniami a planetą. Nasz statek istot pozaziemskich kieruje się w stronę bardzo dużego pokładu hangarowego. Lądujemy delikatnie, a złoty statek znika.

7. To miejsce jest jak dworzec Grand Central. Jest pełne wielu, wielu istot, wszystkie przychodzą i odchodzą. Nikt nie wydaje się zauważać naszego przybycia.

8. Zbieramy się jako grupa, stojąc w milczeniu. Wysyłamy telepatyczną wiadomość: jesteśmy ludźmi z planety Ziemia i po raz pierwszy przybyliśmy na tę stację kosmiczną. Prosimy o przysłanie kogoś, kto nas poprowadzi.

9. Niemal natychmiast dostrzegamy grupę istot pozaziemskich, przedzierających się przez tłum. Wkrótce znajdują się oni bezpośrednio przed nami, wskazując, że powinniśmy za nimi podążać. Tak też czynimy.

10. Zostajemy zaprowadzeni do bocznego pomieszczenia na pokładzie hangarowym, drzwi zamykają się z łoskotem i nagle nie słychać już hałasu z zewnątrz i robi się cicho. Jest tu co najmniej jedna istota pozaziemska, która będzie wchodziła w interakcję z każdym z nas, ale może być też więcej niż jedna przypadająca istota dla każdego. Możecie poprosić o oprowadzenie po tej stacji kosmicznej, możecie poprosić o wyjaśnienia, a urządzenie wyświetlające zostanie wyprodukowane, aby pomóc wam zrozumieć. Być może zostaniecie poproszeni o udanie się do dużej sali konferencyjnej i przeprowadzenie prezentacji. Dam wam teraz kilka minut na

doświadczenie tego, co się dzieje i bez względu na to, jak jest czasochłonne, te kilka minut będzie wszystkim, czego potrzebujecie.

11. Uwaga dla animatora: wyczujesz, kiedy wszyscy ukończą swoje doświadczenie.

12. Gdziekolwiek jesteś lub cokolwiek robisz, miej intencję powrotu do grupy, która czeka na ciebie na pokładzie hangaru. Pożegnaj się z istotami pozaziemskimi, pozwól im odczuć twoją wdzięczność i zachwyt.

13. Stoimy w kręgu, wszyscy wrócili.

14. Zobacz dużą złotą kulę energii formującą się przy twojej czakrze serca, coraz większą i jaśniejszą, a następnie przesuwającą się z lewej strony na prawą wokół kręgu, w kierunku przeciwnym do ruchu wskazówek zegara, przechodząc przez czakrę serca każdej obecnej osoby. Wiruje szybciej tworząc złoty pierścień, a nasza grupa zaczyna czuć się bardziej spójna, potem wiruje jeszcze szybciej spłaszczając się do złotego dysku, a my zaczynamy czuć się jeszcze bardziej spójni.

15. Teraz jako grupa zaczynamy śpiewać mantrę: Im Na Ma. Im Na Ma. Im Na Ma. A teraz dysk pojawia się jako złoty statek istot pozaziemskich, który otacza nas wszystkich. Zaczyna on delikatnie unosić się w górę unosząc nasze ciała astralne/świetlne, zabiera nas z pokładu hangarowego i zatrzymuje się nad pierścieniami Saturna. Szukamy bladoniebieskiej kropki, którą jest Ziemia.

16. A teraz ... hiper skok.

17. Znajdujemy się teraz ponownie tuż nad naszym położeniem na Ziemi. Teraz przyglądamy się lokalizacji bezpośrednio pod nami.

18. A teraz ... hiper skok.

19. Nasz złoty statek znajduje się tuż nad naszymi ciałami fizycznymi i teraz unosi się w dół, oddając nasze ciała astralne/świetlne naszym ciałom fizycznym. I wtedy złoty statek zanika.

20. Kiedy będziecie gotowi, weźcie głęboki oddech i otwórzcie oczy.

21. Kiedy wszyscy wrócą, zaproś ludzi do opowiedzenia o wszelkich swoich doświadczeniach, jakie mieli podczas medytacji. Nikt nie jest zobowiązany do dzielenia się nimi. Możesz zapytać, czy w grupie był ktoś, kto nie miał żadnych doświadczeń. W następnym ćwiczeniu skupisz swoją uwagę na tej osobie, upewniając się, że jest ona częścią grupy.

22. Należy zachować ciszę, dopóki wszyscy nie wrócą.

23. Kiedy wszyscy już wrócą, zaproś ludzi do opowiedzenia o swoich doświadczeniach. Nikt nie jest zobowiązany do dzielenia się nimi. Możesz zapytać, czy były osoby, które nie miały żadnych doświadczeń. W następnym ćwiczeniu dopilnuj, aby również one były częścią grupy. Możesz też poprosić innych, aby skupili się na tych osobach, które nie miały żadnych doświadczeń.

Rada międzyplanetarna

Z książki "*Evolution Through Contact*" ("*Ewolucja poprzez kontakt*") Dona Danielsa.
Aby dowiedzieć się więcej o jego książce, jak również uzyskać dostęp do innych zasobów, odwiedź stronę internetową Dona: http://www.becomingacosmiccitizen.com/index.html

Usiądź wygodnie na twardym lub lekko wyściełanym, względnie wyprostowanym krześle, ze stopami w rozkroku i rękoma na kolanach, dłońmi w dół. Wykonaj serię co najmniej siedmiu powolnych, głębokich oddechów, wdychając powietrze tak powoli i głęboko, jak to tylko możliwe, następnie zatrzymując je na tak długo, jak to tylko możliwe, a następnie wydychając powietrze powoli i głęboko, ponownie zatrzymując się na tak długo, jak to tylko możliwe.

Kontynuuj, koncentrując się na oddechu, aż znajdziesz się w stanie głębokiego odprężenia. Teraz wizualizuj swój oddech wchodzący przez czubek głowy (jak delfin), płynący w dół przez całe ciało i wypływający przez podstawę kręgosłupa i podeszwy stóp podczas wydechu. Pozwól, aby twój oddech przyniósł czystą miłość i współczucie i wydychaj wszelkie negatywne myśli i emocje, w ten sposób oczyszczając się z każdym oddechem.

Teraz zacznij skupiać się na przerwie między oddechami, a zauważysz, że w tej pauzie jest moment Głębokiej, Głębokiej Ciszy. Delikatnie wejdź w tę ciszę i pozwól jej rozszerzać się coraz bardziej z każdym oddechem, aż w końcu cisza wypełni cały oddech. Stań się świadomy świadomości samej w sobie, nie zabłąkanego dźwięku, który możesz usłyszeć, ale tego, przez co jesteś w stanie usłyszeć ten dźwięk. W ten sposób dźwięki nie będą rozpraszać, ale po prostu będą potwierdzeniem twojego połączenia z fundamentalną świadomością, która przenika każdą świadomą istotę we wszechświecie. Następnie puść dźwięk i powróć do skupiania się na obcowaniu z głęboką ciszą, która zaczyna się pomiędzy oddechami, ponieważ jest to twoje połączenie z Kosmiczną Świadomością, zbiorową świadomością samego Wszechświata.

Teraz wyobraź sobie siebie jako delfina bawiącego się w oceanie, skaczącego, obracającego się i nurkującego, dla czystej radości robienia tego. Rozkoszuj się radością swojego postrzegania i swojej wolności. Zanurz się głęboko w tym morzu czystej świadomości, a potem płyń w górę tak szybko jak potrafisz, wskocz w powietrze i po prostu leć, coraz szybciej i szybciej przez atmosferę, obok księżyca, obok naszych planet i poza nasz Układ Słoneczny. Zobacz, jak gwiazdy mijają coraz szybciej i szybciej, aż znajdziesz się w przestrzeni międzygalaktycznej, patrząc na wszystkie piękne otaczające cię galaktyki. Obcuj z głęboką ciszą i kontempluj nad tym, jaki piękny wszechświat stworzył Stwórca.

Zrozum, jak wszyscy jesteśmy połączeni poprzez to stworzenie i poprzez nasze połączenie z Kosmiczną Świadomością, i jak wszyscy jesteśmy w ten sposób "Jednym" ze sobą! Teraz wyraź intencję, że chcesz odwiedzić Radę międzyplanetarną i pozwól, żeby twoja świadomość poprowadziła cię we właściwym kierunku. Możesz podróżować z prędkością świadomości, więc powinieneś dotrzeć dość szybko. Gdy będziesz się zbliżać, zanotuj swoje wrażenia na temat pojazdu kosmicznego lub budynku. A teraz poproś o pozwolenie na wejście do środka. Najprawdopodobniej ktoś cię poprowadzi, a może po prostu znajdziesz się w środku.

Przywitaj wszystkich przewodników z szacunkiem i pokorą, wyjaśnij, że chcesz złożyć wizytę jako przedstawiciel obywateli Ziemi i zapytaj, czy możesz odwiedzić komnaty rady. Wejdź do środka z taką samą powagą, jakbyś uczestniczył w Zgromadzeniu Ogólnym Organizacji Narodów Zjednoczonych. Najprawdopodobniej zostaniesz wprowadzony na galcriç widokową. Z tego miejsca możesz podziwiać wygląd i atmosferę komnat. Jak duże jest pomieszczenie, jaki ma kształt, jak wysoki jest sufit, jak wyglądają ściany i z jakich materiałów są wykonane? Czy jest tam stół lub miejsce do negocjacji, jak on wygląda? Czy są jakieś przedmioty na stole lub nad nim?

Zwróć teraz szczególną uwagę na dyplomatów, którzy mogą być obecni.

Jakie odczuwasz wrażenia na ich temat? Zwróć uwagę na ich wygląd fizyczny, a także na wszelkie wrażenia emocjonalne, przekazy telepatyczne lub wrażenia, które możesz otrzymać. Może się okazać, że nawiążesz kontakt z jednym z dyplomatów. Zaoferuj swoją gotowość do pomocy w ewolucji ludzkości do momentu, w którym będziemy mogli stać się pełnoprawnymi obywatelami galaktyki. Teraz stań się spostrzegawczy i zobacz, jakie wrażenia otrzymasz w zamian.

Teraz podziękuj za możliwość odwiedzin i przygotuj się do odejścia. Pozwól swojej świadomości przenieść się z powrotem na zewnątrz i szybko odlecieć z powrotem do naszej galaktyki, do naszego Słońca, do naszej Ziemi i z powrotem do swojego ciała. Twoja świadomość zna drogę i nie zgubi się. A teraz powoli i delikatnie zacznij powracać do normalnej świadomości na jawie, stając się z każdym oddechem coraz bardziej przebudzonym.

Kiedy wszystko jest jeszcze świeże w twojej głowie, zanotuj wrażenia i połóż notatnik obok łóżka. Bardzo prawdopodobnie w ciągu następnych kilku tygodni, szczególnie w stanie hipnagogicznym, kiedy właśnie zasypiasz lub budzisz się, znajdziesz spostrzeżenia i inspiracje napływające do twojej świadomości, więc posiadanie pod ręką notatnika pozwoli ci na robienie notatek w miarę napływu wrażeń.

Energia rezonansowa (CE-5 Aotearoa, Nowa Zelandia)

Podstawową intencją tej medytacji jest umożliwienie większej wymiany lub pobieranie subtelnych energii, które często pojawiają się w pracy terenowej zespołów CE-5.

Fizyczny kontakt z ziemią jest ważny i zalecamy, aby podczas tego procesu wszyscy mieli stopy na ziemi. Zespoły mogą również trzymać się za ręce, jeśli chcą, lub nawet stanąć blisko siebie w kręgu podczas części prowadzonej. Zacznij od ogólnego ochłonięcia, poproś zespół o zrelaksowanie się, wzięcie powolnych, głębokich oddechów i wyśrodkowanie się. Oddychaj w spokoju i wyciszeniu, a podczas wydechu pozwól, aby wszelkie troski i zmartwienia spłynęły przez stopy na ziemię. Poproś Ziemię, aby zabrała i rozprawiła się z wszelkimi zmartwieniami i troskami i pomogła nam skupić się na naszym obecnym zamiarze. Wdychaj przez nos i wydychaj przez usta. Poproś wszystkich, aby wyobrazili sobie lub po prostu "POZWOLILI", aby ich ciało energetyczne/astralne ręce sięgnęły szybko w dół do środka Ziemi, zebrały trochę energii Ziemi i przyniosły ją do pierwszej czakry. Może to być tak szybkie jak wydech, aby wysłać prośbę i podnieść energię do góry podczas wdechu.

Zazwyczaj robimy to TRZY razy dla każdej czakry przed jej aktywacją, ponieważ to intensyfikuje uczucia, jednak, kiedy ludzie są z tym bardzo zaznajomieni, można to zrobić raz na czakrę. Przy metodzie 3X, przez pierwsze dwa razy UTRZYMUJ lub przechowuj energię w czakrze, gdy wracasz w dół po następną ilość. Przy trzecim przejściu gwałtownie OTWÓRZ swoją pierwszą CZERWONĄ czakrę, a następnie zrelaksuj się obserwując jej świecenie, wirowanie itp. Następnie kontynuuj sięganie w dół przy wydechu, zbierz więcej energii i przynieś ją do góry obok drugiej czakry, ciągnąc energię przez pierwszą czakrę, gdy to robisz [zestrojenie]. Powtarzaj ten proces, aż wszyscy zestroją i otworzą swoje czakry: CZERWONE-POMARAŃCZOWE-ŻÓŁTE-POMARAŃCZOWE-ZIELONE-NIEBIESKIE-INDYGO-FIOLETOWE.

Następnie REZONANS grupy jest dopasowywany poprzez dzielenie się w kolejności energiami czakr. Poproś wszystkich obecnych, aby przekazali światło swojej pierwszej, czerwonej czakry, osobie po swojej prawej stronie, przyjmując z lewej strony równoważną energię od tej osoby. Szybko to powtórz, prosząc zespół o przyspieszenie tej czynności tak, abyśmy utworzyli na tym poziomie czerwony pierścień energii w kierunku przeciwnym do ruchu wskazówek zegara. Przejdź do drugiej czakry pomarańczowej i powtórz ten proces. Kontynuuj, aż dojdziesz do fioletowej czakry korony. Teraz cały zespół ma swoje centra energetyczne rezonujące równomiernie. To działanie powinno być rozszerzone, aby włączyć w nie INNYCH OBECNYCH [istoty pozaziemskie, niebiańskie itd.], którzy aktywnie pracują z nami. Oznacza to, że rezonans rozciąga się na OBA zespoły. Centrum Serca jest głównym, ale jest wystarczająco łatwo, aby porozmawiać z grupą o tym procesie dodanym przed rozpoczęciem.

Kiedy te pierścienie czakr zostaną już ustanowione, następnym krokiem będzie ustanowienie wspólnej pojedynczej formy, przez którą energie mogą przepływać w OBU kierunkach.

Poproś wszystkich o zwizualizowanie pierścieni "zapadających się" w dół, tak aby wszystkie znajdowały się na poziomie czakry serca. Od korony w dół i od podstawy w górę. To utworzy toroid, pozwoli mu się połączyć i stanie się białym pierścieniem światła, obracającym się przeciwnie do ruchu wskazówek zegara, tak samo, jak zostały utworzone początkowe pierścienie.

Teraz, z tego toroidu, wyślij z powrotem w dół do centrum Ziemi spiralny wir w KIERUNKU ZGODNYM Z RUCHEM WSKAZÓWEK ZEGARA. To jest "przewodnik" dla tego, co nastąpi później. Poproś Ziemię, aby wysłała z powrotem do nas, przeciwny do ruchu wskazówek zegara, przepływ energii, który jest bliźniakiem wiru, który właśnie stworzyliśmy; jak tylko dotrze zobacz/wyobraź sobie/pozwól mu zacząć owijać się wokół toroidu serca, podążając wokół niego ciasno w kierunku przeciwnym do ruchu wskazówek zegara

jak zwój. Teraz wyślij w górę do kogokolwiek z kim pracujemy, PRZECIWNIE DO KIERUNKU RUCHU WSKAZÓWEK ZEGARA, energetyczny wir, który również w tym wypadku jest przewodnikiem, który ma zostać połączony. Poproś ich o odpowiedź poprzez wysłanie w dół wiru ZGODNIE Z KIERUNKIEM RUCHU WSKAZÓWEK ZEGARA, pasującego do ścieżki z naszymi wskazówkami; kiedy dotrze na miejsce, pozwól mu owinąć się wokół naszego toroidu, biegnąc w kółko zgodnie z ruchem wskazówek zegara. Pozwól mu "biec" z taką prędkością, jakiej potrzebuje, aby rezonować.

Ta forma jest BARDZO POTĘŻNA i możesz doświadczyć znacznego przepływu energii.

Poproś zespół, aby utrzymywał tę "wizję", to pole energetyczne, mocno w swoich myślach, gdy będziecie przechodzić do cichej części medytacji, w której będziecie starać się spełnić wyrażoną przez zespół intencję pracy CE-5. Pozwól istotom pozaziemskim/niebiańskim lub komukolwiek z kim chciałbyś pracować, żeby użyły tego pola rezonansowego i współpracowały z twoim zespołem. Szczególnie zaproś odpowiednią niebiańską/kosmiczną energię, aby mogła się zintegrować/być pobrana przez zespół w tym procesie i rezonującą formę. Zapytaj tych wszystkich, którzy tego chcą o wchłonięcie/scalenie się z tymi energiami, umożliwiając w rezultacie ich użyteczną dystrybucję.

MEDYTACJA: OCZYSZCZANIE

Medytacje oczyszczające energię pomagają podnieść twoją wibrację i stać się bardziej świadomym wszelkiego rodzaju komunikacji istot pozaziemskich, czy to wewnętrznych, czy zewnętrznych. Może to być tak proste, jak dobrodziejstwo i dziękowanie każdej komórce ciała lub kąpiel w najwyższym świetle. Bardzo skuteczne jest smużenie turówką wonną lub szałwią: tworzy gęsty, neutralny ładunek, uwalniając negatywną energię, jak również oczyszczając się i oczyszczając świętą przestrzeń. Możesz też spróbować medytacji uzdrowień/oczyszczeń opisanych na następnych stronach.

Oczyszczanie czakr

Przejdź przez każdą czakrę, zaczynając od czakry podstawy znajdującej się na dole, a następnie idź w górę. Wizualizuj, że każda czakra staje się jaśniejsza, lżejsza, bardziej żywa. Oddychaj do każdej czakry i usuń wszelkie zanieczyszczenia, napięcie, dysharmonię lub bezruch. Uwolnij negatywne emocje i fałszywe przekonania. Poczuj energię czakry swobodnie płynącą lub wirującą.

Czakra podstawy
Podstawa kręgosłupa/dno miednicy/genitalia - Czerwony - Przetrwanie. Zablokowana przez strach. Zaakceptuj uczucie strachu i wiedz, że ostatecznie lęki nie są prawdziwe.

Czakra sakralna
Dolna część brzucha/kilka centymetrów poniżej pępka - Pomarańczowy - Przyjemność. Blokowana przez poczucie winy. Wybacz sobie.

Czakra splotu słonecznego
Górna część brzucha/powyżej miednicy - Żółty - Siła woli. Blokowana przez rozczarowania. Przyjmij wszystkie nauki.

Czakra serca
W twoim sercu - Jasna Szmaragdowa Zieleń - Miłość - Zablokowana przez smutek. Zaakceptuj i uwolnij stratę i proces życia. Wszystkie rzeczy się zmieniają, przychodzą i odchodzą, ale miłość zawsze pozostaje i jest nieskończoną energią.

Czakra gardła
Gardło - Kolor niebieski typu "jajek rudzika" - Prawda - Zablokowana przez kłamstwa, które sobie wmawiamy. Zmierz się z samym sobą i pozwól sobie na bycie doskonale niedoskonałym, wrażliwym, wartościowym.

Czakra trzeciego oka
Środek czoła, nad oczami - Indygo - Światło - Zablokowana przez iluzję oddzielenia. Wpuść do siebie przekonanie i wiedzę, że wszyscy jesteśmy jednym.

Czakra korony
Czubek głowy - Fioletowy - Czysta kosmiczna energia - Zablokowana przez ziemskie przywiązania. Pozwól odejść wszystkiemu, co kochałeś, wiedząc, że nic nigdy nie znika naprawdę.

Uzdrawianie negatywnych wpływów/Oczyszczanie
(James Gilliland - ECETI)

Uzdrawianie jest koniecznością dla wszystkich tych, którzy pragną działać w innych sferach świadomości. Musisz mieć władzę nad sobą i zachować kontrolę. Jeśli doświadczasz negatywnych wibracji, są to albo negatywne formy myślowe albo więzi psychiczne albo zagubione dusze, które potrzebują uzdrowienia. Są one związane z wibracją ziemi z powodu ich niższej wibracji. Niektórzy są represyjni i pragną manipulować i kontrolować. Miłość uzdrawia. Odrzucenie ich powoduje tylko, że trafiają do innego miejsca, innej osoby. We wszystkich uzdrowieniach pamiętaj, że Bóg jest miłością. To jest siła miłości, która leczy i podnosi.

1. Zamknij swoją aurę poprzez wizualizację białego lub złotego światła wokół ciebie.

2. Wezwij wybranego przez siebie kulturowego przedstawiciela Boga, czy to Jezusa, Buddę, Babadżiego, Marię, Mahometa, Białego Orła czy innego spośród Wielu Pięknych Chrystusowych Istot.

3. Powiedz bytom, że są uzdrowione i jest im przebaczone oraz że zostały uniesione i oświecone.

4. Powiedz im, że są uzdrowione i otoczone Chrystusowym światłem i Chrystusową miłością.

5. Poproś wybranego przez siebie przedstawiciela, aby zabrał je w wymarzone miejsce.

6. Poproś, aby wszystkie negatywne formy myślowe i ograniczające koncepcje umysłowe zostały rozpuszczone i podniesione w świetle prawdy.

7. Poproś, aby wszystkie psychiczne więzi zostały zerwane i zamknij ich aury dla wszystkich oprócz ducha o najwyższej wibracji.

Powtarzaj ten proces, aż poczujesz, że jesteś czysty. Może być potrzeba przeprowadzenia więcej niż jednego uzdrowienia. Twoje słowo jest bardzo potężne i to, co jest wypowiedziane na ich poziomie, manifestuje się natychmiast. Czasami, bezcielesne duchy przyjdą do twojego światła, jak ćma do płomienia. Nie osądzaj siebie, po prostu je uzdrów. To one mają kłopoty, nie ty. Szukają twojej pomocy.

Krótka forma modlitwy oczyszczającej - po uprzednim wykonaniu powyższych czynności. Wezwij swojego głównego nauczyciela lub przewodnika i inne boskie istoty w Chrystusie lub wyżej.

WITAMY WSZYSTKIE ISTOTY W MIŁOŚCI I ŚWIETLE

PRZEMAWIAMY DO WAS OD PANA BOGA NASZEJ ISTOTY

MÓWIĄC WAM WSZYSTKIM, ŻE JESTEŚCIE UZDROWIONE I JEST WAM WYBACZONE

UNIESIONE I OŚWIECONE

JESTEŚCIE UZDROWIONE I JEST WAM WYBACZONE

UNIESIONE I OŚWIECONE

WYPEŁNIONE I OTOCZONE CHRYSTUSOWYM ŚWIATŁEM I CHRYSTUSOWĄ MIŁOŚCIĄ

I PROSIMY WIELE PIĘKNYCH BYTÓW, ABY ODPROWADZIŁY WAS DO WASZEGO DOSKONAŁEGO MIEJSCA

IDŹCIE W POKOJU

(Sprawdź książkę Jamesa, pt. *Reunion with Source* [Zjednoczenie ze Źródłem], aby zapoznać się z zaawansowanymi technikami uzdrawiania)

Oczyszczanie poprzez wdychanie energii Ziemi
(Mała Babcia Kiesha)

Stań bosymi stopami na ziemi. Możesz to zrobić również w domu, ale zdejmij buty. Zacznij od wdychania koloru zielonego, koloru energii Ziemi, przez podeszwy stóp; poczuj, jak energia Ziemi wypełnia twoje komórki i odżywia każdy centymetr ciebie; z pierwszym wdechem podnieś ją aż do kolan, a następnie wydychaj w dół i przez podeszwy stóp z powrotem do Ziemi.

Na drugim wdechu, przynieś tę zieloną energię do podstawy miednicy (pierwsza czakra) i wydychaj ją z powrotem do ziemi, czując jak otula uda, kolana, kostki i z powrotem w dół przez stopy. Gdy to robisz, jeśli masz problem z połączeniem się z jakimś szczególnym obszarem ciała i poczuciem, że energia cię wypełnia, kontynuuj oddechy do tego obszaru, aż poczujesz, że jesteś gotowy, aby przejść dalej.

Na trzecim wdechu, przynieś energię do dolnej miednicy, tuż poniżej pępka (druga czakra) i uwolnij ją z powrotem w dół do Ziemi. Upewnij się, że skupiasz się na każdej konkretnej części swojego ciała, kiedy schodzisz z energią; nie tylko pomijaj, ale wizualizuj i odczuwaj energię podróżującą w dół i wypełniającą twoje kończyny, mięśnie, krew, kości, komórki.

Na czwartym wdechu przynieś energię do połowy brzucha (trzecia czakra) i poczuj, jak krąży i przenika twój splot słoneczny. Wielu z nas nosi wiele stłumionych emocji w tym obszarze naszego ciała, który jest związany z naszą wolą i poczuciem mocy, ogólnym poczuciem tego, kim jesteśmy. Być może będziesz musiał kilka razy pooddychać do tego obszaru. Pozwól, aby uzdrawiająca energia Ziemi delikatnie otworzyła Twój brzuch i rozluźniła te miejsca,

Przypisanie obrazka: www.getdrawings.com

które są napięte i które trzymają się starych energii i lęków. Kiedy czujesz się zrelaksowany i otwarty i czujesz, że rozprzestrzenia się tam ciepło, wtedy wiesz, że możesz iść dalej.

Na piątym wdechu wdychaj energię do klatki piersiowej (czwarta czakra) i poczuj, jak otacza ona i przenika twoje serce. Poczuj, jak rozszerza się w jamie klatki piersiowej, w płucach, żebrach. Obszar serca nosi tak wiele starych emocji, a wielu z nas ma tu głębokie rany. Delikatnie pozwól Matce Ziemi dotknąć tego miejsca w tobie. Wykonuj ten oddech tyle razy, ile potrzebujesz, aż poczujesz rozprzestrzeniające się ciepło, rozluźnienie i otwarcie tego obszaru. Pozwól, by to, co trzymałeś, zostało uwolnione, niech się rozpłynie i spłynie przez podeszwy twoich stóp z powrotem do Ziemi. Tak jak matce nie szkodzi łagodzenie i przyjmowanie smutków i kłopotów jej dzieci, tak Matce Ziemi nigdy nie szkodzi twoje połączenie z nią w ten sposób.

Na szóstym wdechu wdychaj energię do gardła (piątej czakry) i poczuj, jak otwiera ten obszar, który jest związany z twoim głosem i mówieniem prawdy. Następnie wydychaj ją z powrotem w dół, do Ziemi.

Na siódmym wdechu wdychaj energię do środka czoła, pomiędzy oczy (szósta czakra - trzecie oko) i poczuj, jak ta część ciebie, związana z duchowym widzeniem, wyższą percepcją i intuicją, otwiera się i jest delikatnie pieszczona, połączona z Matką Ziemią. Wydech z powrotem w dół do Ziemi.

Na ósmym i ostatnim wdechu przynieś energię aż do czubka głowy (7 czakra - korona) i poczuj, jak czubek twojej głowy otwiera się na duchowe przewodnictwo i światło z kosmosu. Poczuj, jak energia Matki Ziemi pieści i otwiera ten obszar, umieszczając cię pomiędzy Ziemią a niebem, jako dziecko Ziemi i kosmosu. Wypełnij swoją twarz, swoją czaszkę, swój mózg, swoje gruczoły, swoje włosy tym zielonym, pielęgnującym światłem, łączącym cię z całym życiem. Na ostatnim wydechu wydychaj energię przez ręce - w dół ramion, przez dłonie i z powrotem do Matki Ziemi. To tworzy pełny krąg energii. Teraz jesteś połączony z tym, co podtrzymuje cię przy życiu, co zawsze jest dla ciebie. Ta silna zielona energia życiowa może pomóc ci uzdrowić, ożywić i zrównoważyć całą twoją istotę.

Medytacja: Połączenie z Ziemią i energia kosmiczna
(Hollis Polk)

Proszę usiądź wygodnie w miejscu, w którym będziesz mieć dobre oparcie, ze stopami płasko ułożonymi na podłodze i rękami spoczywającymi wygodnie i oddzielnie na kolanach lub na ramionach krzesła.

Teraz... Proszę zamknij oczy i weź głęboki oddech. Weź naprawdę głęboki wdech, a kiedy będziesz wydychał, po prostu... rozluźnij się... świadomie puszczając mięśnie i wtapiając się w to, na czym siedzisz. Teraz... weź kolejny głęboki oddech... i zauważ, że cokolwiek na czym siedzisz, trzyma cię w górze, zauważ jak łatwo, wygodnie i solidnie to wygląda... teraz weź kolejny głęboki wdech i kiedy go wypuszczasz, zauważ temperaturę powietrza na swoim policzku i po prostu pozwól temu... zrelaksować się... jeszcze bardziej...

Weź kolejny głęboki wdech... i podczas wydechu zacznij koncentrować się na podstawie kręgosłupa... i z następnym głębokim wdechem... i następnym głębokim wydechem... wyobraź sobie, że u podstawy kręgosłupa znajduje się mała wtyczka... i po prostu...

delikatnie... rozluźnij ją... i teraz wyobraź sobie, że z podstawy kręgosłupa płynie w dół prąd energii... możesz zobaczyć tę energię jako sznur lub kolor płynący w dół lub możesz ją poczuć jako teksturę lub temperaturę albo możesz ją nawet usłyszeć jako ton... płynącą delikatnie, łatwo i automatycznie... w dół od podstawy kręgosłupa poprzez cokolwiek na czym siedzisz... w dół do podłogi... i przez podłogę i przestrzeń pod nią i jakąkolwiek kolejną podłogę i przestrzeń pod nią... przez fundament budynku i w dół do ziemi pod nim... i niech płynie w dół... w dół... w dół... w dół... przez ziemię, do skały macierzystej pod tobą... płynąc w dół... przez skałę macierzystą, przez skorupę ziemską, w dół do płaszcza ziemskiego... w dół... w dół... w dół... w dół... do stopionego jądra ziemi... i pozwól, aby cokolwiek w twoim ciele lub jakakolwiek energia w tobie lub wokół ciebie, która potrzebuje uzdrowienia lub przekształcenia, spłynęła po twoim sznurku łączącym się z ziemią, gdzie Matka Ziemia może ją uzdrowić i przekształcić.

I pozwól, aby odrobina tej uzdrawiającej, przekształcającej energii zaczęła wznosić się w górę sznura, który jest równoległy do twojego sznura łączącego się z ziemią ... możesz zobaczyć tę energię jako wiązkę światła w określonym kolorze, płynącą w górę lub możesz ją poczuć jako temperaturę lub teksturę lub nawet możesz ją usłyszeć jako ton... lub harmonię... i pozwól tej cudownej energii wznosić się... w górę od jądra ziemi, w górę przez płaszcz ziemi, w górę do skorupy ziemskiej i przez skorupę ziemską, w górę do skały macierzystej pod twoimi stopami, w górę do ziemi, w górę do fundamentów budynku, w górę przez każdą przestrzeń powyżej, w górę przez podłogę, w górę do oczekujących otwartych czakr twoich stóp.

Na opuszku każdego palca znajduje się mała czakra, przypominająca wir, która otwiera się jak przysłona aparatu fotograficznego. A w samym centrum każdej stopy jest większa czakra, która również otwiera się jak przysłona aparatu fotograficznego. W miarę jak cudowna energia ziemi dociera do twoich stóp, przepływa w górę, delikatnie i łatwo, przez otwarte czakry stóp twoich stóp, wirując przez nie, uzdrawiając, przekształcając, ogrzewając i kojąc, wypełniając je tą cudowną energią, cudownym światłem lub ciepłem, a nawet teksturą lub dźwiękiem. I kiedy wypełnia twoje stopy, wiruje w górę przez stawy skokowe, ogrzewając i uzdrawiając, kojąc i przekształcając... pozwalając odpuścić...

I ten piękny kolor, ciepło, ton lub energia nadal płynie w górę... w górę... w górę do twoich łydek, płynąc wzdłuż kości, ogrzewając i relaksując, uspokajając i pozwalając odejść i promieniując na zewnątrz, do ścięgien, mięśni, powięzi, skóry, a nawet wypełniając pole energetyczne wokół twoich nóg...

A energia nadal płynie w górę, wirując i uzdrawiając kolana, ogrzewając, zmiękczając, pozwalając odpuścić...

A energia kontynuuje ruch w górę wzdłuż kości ud, ogrzewając i uzdrawiając, zmiękczając i relaksując, rozluźniając i pozwalając odejść. Przemieszcza się od kości do ścięgien, mięśni, powięzi, skóry, a nawet wypełnia, tym cudownym światłem, ciepłem, dźwiękiem lub energią, pole energetyczne wokół twoich ud. Po prostu uzdrawia, koi i relaksuje... pozwalając odpuścić...

A energia nadal wiruje i uzdrawia, przesuwając się od ud w górę do kołyski miednicy. Energia łączy się i wiruje, uzdrawia i przekształca, rozluźniając mięśnie i wszystkie organy wewnętrzne. Możesz to zobaczyć jako światło wypełniające twoją kołyskę miednicy, lub poczuć to jako energię, ciepło lub teksturę, lub nawet usłyszeć ton. I kiedy ta energia wypełnia twoją miednicową kołyskę, zauważasz, że mała strużka tej cudownej ziemskiej energii kontynuuje w dół twojego sznura połączonego z ziemią, płynąc z powrotem do ziemi, kończąc obwód. Tym samym wiesz, że jesteś częścią energii Ziemi...

I z tym wciąż działającym obwodem, zacznij skupiać swoją uwagę na centrum wszechświata... i pozwól, aby cudowne kolorowe światło... albo może ton... albo ciepło... albo tekstura... zaczęły spływać z centrum wszechświata...

W dół do galaktyki Drogi Mlecznej...
W dół do Układu Słonecznego...
W głąb ziemskiej atmosfery...
Do nieba nad twoją głową...
I w dół do dachu nad
nad twoją głową...

I w dół, przez przestrzeń pod nim, przez wszystkie belki i sufity, a nawet podłogi, jeśli takie są, do przestrzeni tuż nad głową...

I w dół do czubka głowy... a stamtąd do podstawy czaszki i w dół wzdłuż kręgów kręgosłupa... kręg po kręgu... wzdłuż szyi i w dół wzdłuż kręgów z tyłu klatki piersiowej i wzdłuż kręgów lędźwiowych do podstawy kręgosłupa.

I odrobina tej energii płynie od podstawy twojego kręgosłupa w dół wzdłuż twojego sznura połączonego z ziemią do centrum Ziemi. Teraz wiesz, że TY jesteś połączeniem energii Ziemi i energii kosmicznej, Matki Ziemi i Ojca Nieba. Możesz nawet poczuć lekkie szarpnięcie u podstawy kręgosłupa i na czubku głowy, gdy przyjmiesz to połączenie... lub możesz poczuć, że automatycznie siadasz nieco bardziej wyprostowany na swoim krześle...

I więcej tej cudownej kosmicznej energii miesza się w twojej kołysce miednicznej... Możesz zobaczyć swoją kołyskę miedniczną wypełnioną obydwoma kolorami jednocześnie lub zobaczyć, jak mieszają się tworząc jeszcze trzeci kolor lub zobaczyć jak jeden kolor przebija się przez iskierki drugiego... jakkolwiek to widzisz jest w porządku... możesz poczuć niezwykłe uczucie lub możesz usłyszeć dwa tony lub harmonię... i jak ten cudowny kolor lub dźwięk lub uczucie zalewa twoją miednicową kołyskę, rozszerza się w twoim polu energetycznym wokół twojego dolnego tułowia i rozszerza się płynąc w górę przednich kanałów twojego kręgosłupa, wznosząc się w górę... w górę... w górę... delikatnie i łatwo, aby wypełnić twoje centrum serca... i rozszerza się stamtąd wypełniając klatkę piersiową i ramiona, a energia zaczyna spływać w dół ramion, wypełniając je i płynąc i wirując w dół... w dół przez łokcie do dolnych ramion i w dół przez nie do nadgarstków... wirując przez nadgarstki do rąk, wypełniając je tym pięknym światłem, tonem lub uczuciem... po prostu pozwól na to... i energia kapie przez twoje dłonie i palce do przestrzeni wokół ciebie, wypełniając przestrzeń wokół twoich rąk, ramion i klatki piersiowej tym pięknym kolorem... lub dźwiękiem... lub uczuciem....

I energia zaczyna ponownie wznosić się z ramion do głowy... wypełniając głowę tym cudownym uczuciem... lub dźwiękiem... lub kolorem... aż energia wypływa z czubka głowy do miejsca będącego od 18 do 24 cali nad głową, gdzie staje się fontanną... energia opływa całe twoje pole energetyczne, oczyszczając je, uzdrawiając, ogrzewając, relaksując, wypełniając je tym cudownym, uzdrawiającym światłem, dźwiękiem lub uczuciem,

oczyszczając je, oczyszczając je... delikatnie usuwając wszystko, co nie jest dla ciebie zdrowe. I po prostu ciesz się tym niesamowitym uczuciem bycia połączeniem ziemi i nieba, w tobie i wokół ciebie...

I po prostu ciesz się tym cudownym przepływem energii...

A kiedy będziesz gotowy... wróć do pokoju... otwórz oczy... poruszaj się... możesz pochylić się i dotknąć podłogi, aby pozbyć się nadmiaru energii...

Bądź całkowicie w swoim ciele

Świadomy...

Obudzony...

Ożywiony...

I wypoczęty!

83

Medytacja: Połączenie z Ziemią podczas leżenia
(Hollis Polk)

Możesz użyć tej medytacji podczas tych CE-5, gdy leżysz na kocu pod gwiazdami.

Połóż się na plecach, podpierając się wygodnie poduszkami lub czymkolwiek, co jest potrzebne. Powinno być tobie wygodnie w poczuciu ciepła, ale na tyle chłodno, żebyś nie zasnął...

Weź głęboki wdech... i przy wydechu... pozwól sobie poczuć oparcie, na którym leżysz... weź kolejny głęboki wdech i przy wydechu... poczuj to oparcie na plecach... i na tyle nóg... poczuj to oparcie na piętach i na ramionach.

Teraz... weź kolejny głęboki wdech... i podczas wydechu... poczuj temperaturę powietrza na swoim policzku... naprawdę to zauważ... czy jest ciepło... czy jest chłodno... czy jest w sam raz... czy temperatura powietrza jest taka sama na obu policzkach... pozwól sobie na delikatne zauważenie tego...

Teraz... weź kolejny głęboki wdech... i kiedy go wypuścisz, zauważ, jak dobrze podtrzymujesz głowę... i jak zrelaksowany się czujesz...

A kiedy się odprężasz, zacznij zauważać, że cokolwiek na czym leżysz, jest częścią ziemi. Cokolwiek, z czego jest zrobione, pochodzi, w taki czy inny sposób, z ziemi, czy są to pióra pochodzące od kaczek, które chodziły po ziemi i były przez nią karmione, czy jest to drewno z drzew, które rosły w ziemi, czy nawet dywan zrobiony z oleju pochodzącego z wnętrza ziemi... lub coś zupełnie innego... i ty również LEŻYSZ na ziemi. I możesz sobie wyobrazić, że leżysz bezpośrednio na ziemi... może leżysz na stercie liści, na dnie lasu, na polu trawy, na plaży lub w jakimś innym cudownym, naturalnym miejscu... leżysz na ziemi...

I możesz zacząć pozwalać swoim mięśniom po prostu wtapiać się w ziemię... pozwól swoim ramionom się wtapiać... pozwól swoim nogom się wtapiać... pozwól swoim żebrom się wtapiać... po prostu poczuj, jak wtapiają się w ziemię... i możesz sobie wyobrazić, jak ich energia spływa w dół przez ziemię pod tobą... w dół do skały macierzystej... w dół przez skałę macierzystą do płaszcza ziemi... spływa w dół przez płaszcz ziemi szybko i łatwo... w dół do stopionego jądra ziemi.

Teraz wyobraź sobie, że ten przepływ energii jest gigantycznym sznurem, gigantycznym sznurem połączonym z ziemią i łączącym każdą komórkę twojego ciała z samym centrum ziemi. A teraz wyobraź sobie, że Matka Ziemia wysyła ci swoją miłość, energię, w górę tego uziemiającego sznura. Możesz zobaczyć tę energię jako... wiązkę światła w określonym kolorze, płynącą w górę... lub możesz ją poczuć jako temperaturę lub teksturę, lub nawet usłyszeć jako ton... lub harmonię... I pozwól tej pięknej energii wznieść się... w górę od jądra ziemi, w górę przez płaszcz ziemi, w górę do skorupy ziemi i przez skorupę ziemi, w górę do skały macierzystej pod tobą, w górę do gleby, w górę do waszych oczekujących komórek. I każda z twoich komórek nasiąka miłością Matki Ziemi i wie, że jest połączona z Matką Ziemią. I każda komórka jest odnowiona i odświeżona przez jej połączenie z Matką Ziemią.

Matka Ziemia chce, abyś miał dużo energii. W ten sposób, gdy wrócisz do normalnej, budzącej się świadomości, zacznij się ruszać wokoło łatwo i delikatnie. Może porusz palcami u rąk i stóp, a teraz rękoma i stopami. A teraz swoimi nogami i ramionami, a nawet swoją głową i tułowiem.

Czujesz się...

świadomy...

przebudzony...

żywy...

wypoczęty...

i gotowy do działania!

ZDALNE POSTRZEGANIE

Zdalne postrzeganie jest polecane jako pewna metoda do komunikacji z istotami pozaziemskimi przez astronautę Dr. Edgara Mitchella. Dr Mitchell stworzył organizację "Fundacja Badań nad Spotkaniami Pozaziemskimi i Niezwykłymi"/ The Foundation for Research Into Extraterrestrial and Extraordinary Encounters (FREE). Keiko, która jest jedną z najdłużej uczęszczających członków naszej grupy, jest studentem-rezydentem zdalnego postrzegania. Oto, co ma do powiedzenia:

RV (zdalne postrzeganie) jest praktyką, która pomaga nam rozwinąć naszą wrodzoną zdolność do widzenia i odczuwania konkretnych miejsc, struktur fizycznych, osób, wydarzeń, bez potrzeby fizycznego przebywania w tych miejscach, aby je zobaczyć lub odczuć. RV polega na oglądaniu, słyszeniu, wąchaniu, smakowaniu, odczuwaniu wrażeń i emocji w odległym czasie i przestrzeni. Być może przypadkowo doświadczyłeś podobnych zjawisk paranormalnych, takich jak déjà vu lub przeczucia. Natomiast RV odbywa się świadomie poprzez skupienie się na celu, podczas gdy ty jesteś w stanie medytacyjnym.

Jak zdalnie widzieć

- Usiądź cicho, pozwól odejść swojemu zajętemu umysłowi i wejdź w stan pustki.
- Połącz się z celem i poczuj, że jesteś połączony.
- Opisz i rysuj informacje, które odbierasz za pomocą pięciu zmysłów i nie tylko, jako informacje surowe. Innymi słowy, opisuj informacje bez wymyślania własnych historii (synchronizacja prawej i lewej półkuli mózgu). Próbujesz uwolnić się od wyobraźni, pamięci i/lub dedukcji.
- Przeprowadź organizację i analizę otrzymanych informacji.

Zdolności/Postawy, które możesz rozwinąć dzięki zdalnemu postrzeganiu

Poprzez synchronizację prawej i lewej półkuli mózgu podczas praktyki RV możemy rozwijać nasze zdolności parapsychologiczne. Odczuwanie odległych celów daje nam również doświadczenie jedności. Uświadomienie sobie, że jesteśmy połączeni z innymi naszymi myślami/intencjami może sprawić, że staniemy się pokorni wobec innych.

Doświadczony szkoleniowiec RV z Monroe Institute powiedział, że nigdy nie spotkał osoby, która nie byłaby w stanie zobaczyć lub wyczuć czegoś pod koniec jednotygodniowych warsztatów. Wszyscy mamy tę zdolność i możemy ją rozwijać poprzez praktykę. Praktyka da ci potwierdzenie twojej prawdziwej natury bycia "nietutejszym" i jednością ze zjednoczonym polem świadomości.

Żeby zacząć praktykowanie zdalnego postrzegania

W swoich DVD, Dr Greer poleca wyostrzenie intuicji przez praktykowanie następujących ćwiczeń:

- Wyczuj, kto dzwoni zanim podniesiesz słuchawkę telefonu
- Wyczuj, kto jest gościem zanim otworzysz drzwi
- Wyczuj obiekt, który ktoś umieścił w pudełku, zdjęcie lub słowa w kopercie

Istnieją różne metody i techniki zdalnego postrzegania, z których można wybierać. Na temat RV możesz znaleźć książki, DVD, warsztaty, strony internetowe, itd. Są aplikacje i strony internetowe oferujące cele RV, takie jak http://www.rvtargets.com/. Rejestracja i korzystanie są bezpłatne.

<u>Jak używać zdalnego postrzegania w czasie CE-5</u>

Gdy będziesz w terenie podczas CE-5, zacznij medytować mantrą, dźwiękami, wizualizacją, medytacją kierowaną itd. Kiedy osiągniesz stan spokoju, zacznij koncentrować się na swoim celu:

- Daj znać istocie pozaziemskiej o swoim położeniu poprzez udanie się w przestrzeń kosmiczną, a następnie wracając do swojego miejsca ze swoją świadomością
- Odwiedź planetę, galaktykę, gwiazdę
- Spotkaj się z różnymi galaktycznymi cywilizacjami
- Zapoznaj się z gwiezdną istotą
- Udaj się na Międzynarodową Stację Kosmiczną
- Idź na galaktyczne spotkanie
- Udaj się do stacji kosmicznej na pierścieniach Saturna

Jak już wcześniej wspomniano, zdalne postrzeganie nie polega tylko na wychwytywaniu widoków, dźwięków, tekstury i zapachów danego miejsca. Możesz również odbierać emocje, uczucia i myśli, które oferuje dane miejsce. Niektórzy astronauci mieli następujące uczucia i myśli, kiedy unosili się w przestrzeni kosmicznej:

- Wszyscy są ze sobą połączeni
- To znajome miejsce, jak dom
- Nie ma absolutu
- Musimy się o siebie nawzajem troszczyć

Co zobaczysz/odczujesz podczas zdalnego postrzegania przestrzeni kosmicznej, gdy twoje ciało znajduje się w kręgu w miejscu kontaktu?

<u>Linki</u>
Aby dowiedzieć się więcej o zdalnym postrzeganiu, kliknij na poniższe linki:

Kurs zdalnego postrzegania Prudence Calabrese (7 filmików) https://youtu.be/uij1clj9FzY
Sekretna historia zdalnego postrzegania USA https://youtu.be/kUOu7MJnpO4
Ingo Swan – Ludzka super wrażliwość i przyszłość https://youtu.be/rHH5PBS2H_I
John Vivanco Parapsychologiczny szpieg – Część 1 z 3 https://youtu.be/ZTEtvMoUjas
John Vivanco Parapsychologiczny szpieg – Część 2 z 3 https://youtu.be/y0W8MHbZ9N0
John Vivanco Parapsychologiczny szpieg – Część 3 z 3 https://youtu.be/NXvT0OC98Nc
Wnioski wyciągnięte z programu Stargate z Edwinem May'em https://youtu.be/L811nO601sg

KOMUNIKACJA BIOELEKTROMAGNETYCZNA

Ludzie mają potencjał do emitowania bardzo potężnego pola siłowego. Sama miałam przypadkowy moment telekinezy, który to udowodnił. Wierzymy, że ta sekcja jest wiodącą dla CE-5 i dla naszej własnej ewolucji. Wielkie dzięki dla Jeremy'ego z CE-5 Aotearoa w Nowej Zelandii, który podzielił się z nami tą zaawansowaną techniką komunikacyjną.

Proces ten jest szczególnie skoncentrowany na komunikacji energetycznej poprzez bioelektromagnetyczne pole serca: torus. Jest oparty na uczeniu się poprzez doświadczenie zdobyte na podstawie kilku przypadków zweryfikowanego bliskiego kontaktu i interakcji.

Zasady:

- Geometrycznym kształtem używanym do opisania samorefleksyjnej natury świadomości jest torus. Torus może być użyty do zdefiniowania działania samej świadomości; dlatego świadomość ma geometrię.

- Torus pozwala na powstanie wiru energii, który zagina się wzdłuż siebie i ponownie wchodzi w siebie. W ten sposób energia "wychodzi na zewnątrz", nieustannie wpływając z powrotem do siebie. Dlatego też energia toroidalna nieustannie się odświeża i nieustannie na siebie wpływa.

- Kiedy torus jest w równowadze i energia płynie, jesteśmy w doskonałym stanie, aby być naszymi autentycznymi jaźniami. Autentyczność jest kluczowym elementem w połączeniu z istotami pozaziemskimi i niebiańskimi.

- Pole magnetyczne serca jest toroidalne i komunikuje się w całym ciele oraz w środowisku zewnętrznym. Jest to niewerbalna modalność komunikacji energetycznej, która może być wykorzystana do skutecznego komunikowania się ze sobą, środowiskiem i innymi rodzajami istot.

- Ponieważ elektromagnetyczne pola toroidalne są holograficzne, jest prawdopodobne, że suma całego naszego Wszechświata jest obecna w spektrum częstotliwości pojedynczego torusa. Oznacza to, że każdy z nas jest połączony z całym Wszechświatem i w każdej chwili może uzyskać dostęp do wszystkich znajdujących się w nim informacji.

Schemat procesu:

Jest to zarys ogólnego procesu, który powinien być medytacją prowadzoną i zostać przeprowadzony przez osobę pomagającą zespołowi. Proces ten nie jest stały, jest "pracą w toku" i należy do niego podchodzić w sposób kreatywny i elastyczny. W trakcie tego procesu mogą wystąpić znaczące wydarzenia związane z kontaktem, dlatego często konieczna jest umiejętność dostosowywania się. Należy kierować się tym, co naturalnie się wydarzy i pozostać obecnym w spójnej energii i powyższych zasadach.

- Skupcie się na pracy jako całkowicie zjednoczony zespół CE-5 ze wspólną, zbiorową intencją uniwersalnego pokoju i jedności. Konkretne zespoły mogą być utworzone z tych osób, które naturalnie rezonują z tą intencją.

- Ustanów spójne toroidalne pole energetyczne w zespole CE-5. Jeśli jest to pierwszy raz, wykonaj najpierw medytację energii rezonansowej. Po zapoznaniu się z ustanawianiem spójnego toroidalnego pola energetycznego, stwórz je na swój własny sposób, który najlepiej sprawdza się w twoim zespole, a następnie kontynuuj ten proces. Wypróbuj nowe pomysły.

- Świadomie wybierz wiązanie wspólnej zbiorowej intencji zespołu w strukturze toroidalnego pola energetycznego. Skup się na byciu jednością. Połącz swoją opartą na sercu boską wolę z toroidalną formą i ożyw pełne spektrum kolorów, widząc formę wyraźniej i jaśniej w świadomości, zauważ, jak cię otacza. Świadomie zespól ją z innymi osobami w grupie.

- *E-motion*, energia w ruchu. Energetyzuj pole toroidalne wypełniając swoje centrum serca emocjami miłości, radości, pokoju, wdzięczności itp. Pozwól, aby te uczucia przepełniły i połączyły się w strukturze wibracyjnej torusa, czując wzrost tempa przepływu energii i widząc, że w rezultacie aktywuje się ona dalej. Skup się na pojedynczym punkcie zerowym energii serca w centrum kręgu, które stanowi środek serca zespołu.

- Uznaj, że każdy z nas jest połączony z całym Wszechświatem i w każdej chwili może uzyskać dostęp do wszystkich informacji w nim zawartych, poprzez nasze centrum serca. Kiedy mamy dostęp do tego, co jest obecne w naszych sercach, dosłownie łączymy się z nieograniczonymi zasobami i mądrością Wszechświata. Dzięki temu to, co określamy mianem cudów, może być z nami obecne. Przyjmij tę wiedzę, która istnieje w naszym centrum serca. Pozwól, aby po prostu rezonowała jako Uniwersalna Prawda i promieniowała z naszej istoty.

- Utrzymuj tę przestrzeń otwartą dla komunikacji. Przekazuj energetyczne informacje poprzez elektromagnetyczne toroidalne spektrum serca. Na początku skoncentruj się na energetycznym zaproszeniu. Przekaż to zaproszenie do najbliższego otoczenia, a następnie do odległego otoczenia poprzez rozszerzenie toroidalnej formy w świadomości. Skaluj ją w górę, aby objąć całą planetę, a następnie zmniejsz ją do lokalnego obszaru. Powtórz to kilka razy rozszerzając ją dalej za każdym razem, prosto w przestrzeń, nieustannie zapraszając wszystkie istoty, które rezonują z intencją. Poruszaj się bez wysiłku w świadomości poprzez toroidalną łączność. Wiedz, że informacje, które przekazujesz poprzez tę formę, mogą być odebrane przez inne czujące istoty. Promieniuj energią zaproszenia i tego, co uważasz za wspólne znaczenie w nawiązywaniu komunikacji. Upewnij się, że masz również wolną przestrzeń na odpowiedzi.

- Zmieniaj swoje skupienie w środku wszystkich parametrów wspólnego toroidu, rozszerzając świadomość toroidalną poprzez postrzeganie jej jako jednocześnie nieskończenie dużej i nieskończenie małej, zarówno wewnętrznie jak i zewnętrznie. Świadomie podążaj za skoncentrowanymi na sercu przyciąganiami magnetycznymi w pewnych miejsc, początkowo w lokalnym środowisku, a następnie w innych parametrach. Rezonuj intencją połączenia się z istotami, które mogą być tam, w tym konkretnym miejscu. Pozwól sobie w pełni się rozwinąć i poczuć tak wiele, jak tylko możesz. Poproś je, aby zweryfikowały swoją obecność w sposób, który jest oczywisty i niewątpliwie prawdziwy dla ciebie i zespołu. Jeśli komunikacja jest zweryfikowana, poprowadź zespół, aby skupił energię serca na tym konkretnym parametrze i poproś te istoty, aby były tak obecne i interaktywne, jak tylko są w stanie. Utrzymuj dla nich energię, aby mogły się dalej łączyć i ciesz się miłością bycia ambasadorem Ziemi.

MUZYKA I DŹWIĘKI

Barbara Marciniak opowiada o znaczeniu dźwięku w swojej kolekcji na temat kanałów porozumiewania się z istotami:

"Dźwięk jest narzędziem transformacji. Strażnicy częstotliwości, do czego cię zachęcamy, uczą się jak modulować częstotliwość, którą utrzymują poprzez dźwięk. Dźwięk może przeniknąć każdą substancję, poruszyć molekuły i zmienić układ rzeczywistości. Możesz zacząć pracować z dźwiękiem pozwalając mu grać w twoim ciele. Wyśrodkuj się, oczyść umysł i pozwól, aby tony przeszły przez ciebie. Starożytne szkoły misteriów pracowały z dźwiękiem w ten sposób i jest to bardzo potężna technika, gdy wykonuje się ją w grupie. Dojdziesz bardzo daleko z wykorzystaniem dźwięku, gdy popracujesz z nim przez jakiś czas. To jest jak potężne narzędzie, które daje się niemowlęciu. Bez odpowiedniej świadomości, możesz robić rzeczy, a nie zdawać sobie sprawy z konsekwencji tego, co robisz.

"Pomyśl o tym, co dźwięk robi na stadionach i w audytoriach. Wiwatujący lub buczący tłum tworzy atmosferę. Kiedy grupy wspólnie wydają dźwięk, ty tworzysz atmosferę dla siebie. Pozwól pewnym energiom grać na instrumentach twojego ciała. Pozwól odejść z góry przyjętym ideom i pozwól na używanie różnym melodiom i energiom twojego ciała fizycznego jako możliwości do reprezentowania siebie na planecie. W rzeczywistości to, czego doświadczasz, jest siłą życiowej energii, której pozwalasz wyrażać się poprzez twoje własne ja. Stajesz się kanałem przepływu. Pozwalasz wibracji przyjść na planetę w jej pełnej okazałości poprzez swoje ciało i waszą wspólną współpracę. Tworzycie coś. Tworzycie możliwość, a energia korzysta z tej możliwości.

"Dźwięk będzie ewoluował. Teraz istoty ludzkie mogą stać się instrumentami poprzez wydawanie dźwięków. Pewne kombinacje dźwięków odtwarzane przez ciało odblokowują informacje i częstotliwości inteligencji. Pozostawanie w ciszy przez długi okres po tym jak harmonia pozwoli istotom ludzkim używać swoich ciał jako urządzeń do odbierania i wchłaniania częstotliwości, a także używać wehikułu oddechu, aby wprowadzić je w stan ekstatyczny. Kiedy wydajesz dźwięki z innymi, masz dostęp do umysłu grupy, którego przed tym nie miałeś. Kluczowym słowem jest "harmonia".

"To, co zamierzasz zrobić z dźwiękiem, ma ogromne znaczenie. Jeśli nie masz jasności co do swoich intencji, dźwięk może mieć sposób na nakładanie się na siebie i przekroczenie swojej pierwotnej pojemności. Podwaja się i poczwórnie zwiększa swój wpływ. Bardzo ważne jest, abyś miał jasną intencję tego, co planujesz zrobić z dźwiękiem. Dźwięk wzbudza energię. Tworzy stojącą falę kolumnową, budując częstotliwość po częstotliwości. Ta energia może być skierowana na lub w kierunku czegokolwiek. Kiedy wydajesz dźwięk w kręgu lub w obwodzie słupa światła, tworzysz kolumnę, która jest zdolna do wielu rzeczy, z których nigdy nie zdawałeś sobie sprawy. Jest ona zdolna do tworzenia eksplozji, niszczenia i tworzenia wielu rzeczywistości".

Z Bringers of The Dawn
https://www.pleiadians.com/dawn.html

<u>Użycie dźwięku podczas CE-5</u>

Muzyka jest potężnym narzędziem. Porusza nas, zmienia i podnosi na duchu. Dźwięk może wspierać naszą zdolność do relaksu i zwrócenia się do wewnątrz, a także ułatwia połączenie z uniwersalną jednością.

Podczas CE-5 możecie:

- Odtwarzać dźwięki/piosenki w tle w czasie rozmów w grupie, instrukcji czy medytacji
- Odtwarzać dźwięki/piosenki jako narzędzie do koncentracji grupy
- Razem śpiewać
- Razem intonować
- Wykonać pudżę
- Nucić
- Zająć się tonowaniem
- Grać na bębnach
- Grać na didgeridoo
- Używać mis dźwiękowych
- Grać na dzwonkach
- Używać kamertony
- Itp.

Rób to, co najbardziej do ciebie przemawia i uzupełniaj swoją agendę CE-5 tym, co najbardziej lubi robić grupa.

Jeśli jesteś zainteresowany dźwiękiem jako narzędziem uzdrawiania siebie, możesz:

- Wejść na stronę Toma Kenyon'a o uzdrawianiu dźwiękiem: http://tomkenyon.com/music-sound-healing
- Posłuchać Mozarta lub cokolwiek innego, co podnosi cię na duchu. Samoiya Shelley Yates opowiada o tym w jej niezwykłej historii: https://www.youtube.com/watch?v=Jqkr84IXkHo
- Pójść do Monroe Institute i dostać parę płyt CD hemi-sync: https://www.monroeinstitute.org/store
- Chwycić za medytację Omnec Onec Soul Journey, która jest piękną symfonią płynącą przez wszystkie stany świadomości: http://omnec-onec.com/meditation-cdsouljourney/
- Posłuchać pierwszych trzech minut VII symfonii Beethovena. Według Bashar, ta muzyka ma głęboki efekt uzdrawiający: https://www.youtube.com/watch?v=RpJeWvFZ_fg&t=1675s

PUDŻA

Pudża to ceremonia, która wywodzi się z Indii i służy oddawaniu czci hinduskim bóstwom. Często jest zrytualizowana takimi akcesoriami jak duża taca, świece, dzwonki, mosiężne lub srebrne kubki/ miseczki i łyżki, czysta woda, szałwia, kadzidełka, kwiaty, owoce, niegotowany ryż oraz obrazy i/lub figurki Wniebowstąpionych Mistrzów.

Pudża jest śpiewana w języku sanskryckim. Sanskryt jest uważany za podstawę wszystkich języków indoeuropejskich. Jest on starożytny: może być pozostałością języka używanego podczas ostatniego Złotego Wieku, a jego pochodzenie może być międzygwiezdne. Sanskryckie słowa są uważane za najbardziej precyzyjną intonację dźwięku, która najdokładniej odpowiada temu, co opisuje dane słowo. Jeśli używa się ich poprawnie w wysokich stanach świadomości, niektórzy wierzą, że można manifestować używając języka sanskrytu.

W kontekście CE-5, pudża jest zsekularyzowana. Zamiast tego, ceremonia nie jest modlitwą do konkretnego bóstwa, ale ogólną modlitwą, uwielbieniem lub oddaniem czci kosmosowi lub zbiorowej linii Wniebowstąpionych Mistrzów (np. takich jak Budda, Babadżi, Kriszna, Jezus, Sai Baba itd.), którzy pomagali i nadal pomagają w duchowym rozwoju naszego świata. Wykonywanie pudży podczas CE-5 może być bardzo proste. Ustaw kilka kryształów lub innych świętych przedmiotów na małym stoliku, zapal świecę i kadzidło. Szałwia jest również dobra do palenia. Intonuj parę razy "Om", a następnie pośpiewaj trochę Pudżę. Niech świeca i kadzidło palą się aż do końca CE-5.

Pudże, które warto włączyć podczas CE-5:

Isha Yoga Guru Pooja
Dr Greer śpiewa bardzo długą, skomplikowaną pudżę. Zapamiętanie jej zajęłoby bardzo dużo czasu, więc łatwą rzeczą do zrobienia jest znalezienie jej na YouTube i przekonwertowanie na mp3 za pomocą internetowego konwertera YouTube na mp3. (typu https://ytmp3.com/). Wyszukaj: "Joshua Tree 2015 - Puja with Dr. Steven Greer" https://www.youtube.com/watch?v=iN2dpW2mjn0

Im Nah Mah
Tę mantrę można przetłumaczyć na "blisko Boga" lub "ten z wyższym bytem." Melodia jest taka: G-C-C (lub jakikolwiek inny piąty interwał). Po zaśpiewaniu melodii kilka razy dla ludzi, aby ją załapali, niech każdy kontynuuje śpiew wewnętrznie na czas trwania medytacji.

Aby usłyszeć, jak brzmi, możesz znaleźć ją na YouTubie, jeśli wyszukasz "Cosmic Consciousness Meditation Part 1 of 5".
(https://www.youtube.com/watch?v=vo72V0S2me8)

Gayatri Mantra

Ta mantra wielbi boginię Gayatri, która nie jest uważana za bóstwo czy półboga, ale za jedyną najwyższą osobowość. Urocza, podniosła pudża, która celebruje nasz ruch w kierunku kobiecości, gdy energia bogini potęguje i nabiera rozpędu podczas tego transformującego czasu. Wyszukaj "Gayatri Mantra" na YouTube, by usłyszeć melodię. Jest tam kilka wersji; wybierz swoją ulubioną.

Om bhoor bhuvah svah
Tat savitur varenyam
Bhargo devasya dhimahi
Dhiyo yo nah prachodayat

Tłumaczenie:
(Oh) Najwyższa; (która jest) światem fizycznym, astralnym (i) zwyczajnym (sama w sobie).
(jesteś) źródłem wszystkiego, zasługująca na wszelką cześć
(O) Promienna, boska; (my) medytujemy (dla ciebie)
Napędź nasz intelekt (w kierunku wyzwolenia lub wolności)

Moola Mantra

Ta mantra przywołuje żyjącego Boga, prosząc o ochronę i wolność od wszelkiego smutku i cierpienia. Wyszukaj "Moola Mantra" na YouTube, aby usłyszeć różne wersje tej melodii.

Om
Sat Chit Ananda Parabrahma
Purushothama Paramatma
Sri Bhagavathi Sametha
Sri Bhagavathe Namaha

Tłumaczenie:
Om: Wzywamy najwyższą energię ze wszystkich, jakie istnieją.
Sat: Bezkształtna
Chit: Świadomość wszechświata
Ananda: Czysta miłość, błogość i radość
Para brahma: Najwyższy stwórca
Purushothama: Który wcielił się w ludzką postać, aby pomóc pokierować ludzkość
Paramatma: Który przychodzi do mnie w moim sercu i staje się moim wewnętrznym głosem
Sri Bhagavati: Boska matka, aspekt mocy stworzenia
Same tha: Razem z
Sri Bhagavate: Ojcem stworzenia, który jest niezmienny i trwały
Namaha: Dziękuję ci i uznaję tę obecność w moim życiu.

Statek powietrzny Pushpak, Balasaheb Pandit Pant Pratinidhi, 1916 r.

TONOWANIE I NUCENIE

Keiko jest również naszym doświadczonym pracownikiem od dźwięków. Oto co ma do powiedzenia na temat harmonizowania i nucenia:

Nasz własny głos może być narzędziem, które wspiera uzdrawianie i transformację na wszystkich poziomach naszego istnienia. Tonowanie jest wspaniałym narzędziem do emocjonalnego wzmocnienia i oczyszczenia. Może być jednocześnie relaksujące i podnoszące na duchu. Nucenie może być uspokajające i może wprowadzić cię w głęboki stan medytacyjny.

Kiedy tonujemy lub nucimy, proces wokalizacji stymuluje nasz mózg, a wibracja dźwięku przechodzi przez całe wnętrze naszego ciała, jeszcze zanim usłyszymy dźwięk. Kiedy słyszymy dźwięk, stymuluje on jeszcze bardziej mózg i wibruje całe ciało zewnętrzne. Wszystko to porusza nas na poziomie molekularnym, aby przywrócić nas do naturalnego i zrównoważonego stanu.

Dźwięk jest również nośnikiem informacji. Kiedy mamy pożądany rezultat, możemy użyć dźwięku z intencją. Jest to potężny sposób manifestacji, łatwy i skuteczny. Transformacja nastąpi, gdy rozpoznasz jego moc w sobie i bez siebie. Tak jak wtedy, gdy harmonizujesz się z ponad setką ludzi, choć nie możesz rozróżnić własnego głosu, wiesz, że jesteś częścią wielkiej harmonii.

Tonowanie lub nucenie w grupie podnosi spójność, wzmacnia energię i intensyfikuje intencje. Kiedy tonujemy lub nucimy z miłosnymi myślami i uznaniem, możemy stworzyć potężne wibracyjne pole miłości i w ten sposób przynieść światło na planetę.

Tonowanie i nucenie są również sposobami komunikacji w wyższych wymiarach wibracyjnych. W naszym własnym wymiarze możemy używać tonowania i nucenia do komunikowania się z naszymi dziećmi, zwierzętami, roślinami i oczywiście z istotami gwiezdnymi.

Jak tonować: Zazwyczaj do tonowania używane są wydłużone samogłoski, takie jak AH (jak w "ma"), III (jak w "mi"), UUU (jak w mu"), OH (jak w "go") itp. Często dźwięk AH jest używany do tonowania, ponieważ jest on związany z naszymi czakrami serca i ma potężną energię. W naukach buddyjskich mówi się również, że AH jest pierwotnym dźwiękiem stworzenia i poprzez śpiewanie AH możemy stać się jednością z uniwersalną energią. OM, który jest dobrze znanym pierwotnym dźwiękiem stworzenia (w tradycji hinduskiej), brzmi AUM (AH-OOO-M).

1. Odpręż się.
2. Ustal swoją intencję.
3. Śpiewaj na dźwięk samogłoski z jednym pełnym oddechem. Powtórz. Możesz śpiewać w dowolnym tempie, głośności lub jakości, która jest dla Ciebie wygodna i z którą współbrzmisz. Jednakże, słuchaj siebie i innych, aby być również harmonijnym. Jeśli twoje struny głosowe są zestresowane, to nuć przez chwilę, aby złagodzić stres.
4. Po minimum 5-10 minutach tonizowania należy się wyciszyć, aby zmaksymalizować efekt.

Jak nucić: Nucenie jest najprostszym sposobem na wytworzenie najbardziej efektywnego dźwięku. Mówi się również, że nucenie jest dźwiękiem tworzenia i zawsze jest w nas. Więc zawsze nucimy, świadomie lub nie.

1. Odpręż się. Ustal swoją intencję.
2. Zamknij usta i trzymaj górne i dolne zęby w lekkim rozchyleniu.
3. Emituj dźwięk do jamy ustnej, jamy nosowej, reszty czaszki i jamy klatki piersiowej.
4. Po minimum 5 minutach nucenia należy zamilknąć, aby zmaksymalizować efekt nucenia.

INNE RZECZY DOTYCZĄCE DŹWIĘKU

C#
Orbita Ziemi wokół Słońca wytwarza szum tak niski, że nie może być usłyszany przez ludzkie ucho. Według Bashara, istoty pozaziemskiej, która kieruje się poprzez Darryla Ankę, częstotliwość tego tonu jest w przybliżeniu taka sama, jak nuta C# (ostra) w naszej skali muzycznej. Chociaż muzyczna ścieżka Ziemi wokół Słońca znajduje się 33 oktawy niżej niż środkowe C na naszych fortepianach, nadal możesz skorzystać ze słuchania tej częstotliwości w zakresie, w którym możemy to usłyszeć. Bashar mówi, że jeśli zanurzysz się w tym tonie, znajdziesz jasność i będziesz wkładać we wszystko mniej wysiłku. Dosłownie zaczniesz "widzieć ostro". Ziemia będzie cię wspierać, tak jak wspiera wszystko w przyrodzie. Możesz odtwarzać ten dźwięk w tle podczas medytacji na CE-5. Kilka wersji jest dostępnych na YouTube:

> C# solo : https://www.youtube.com/watch?v=6Q3KsrB1KM4
> C# z melodyjnym wydźwiękiem i binauralnymi bitami:
> https://www.youtube.com/watch?v=SBMXxm9X3P4&t=1254s

Anael i Bradfield
Anael i Bradfield są muzykami, którzy współpracowali przy projekcie Fire the Grid, którego inicjatorką była Samoiya Shelley Yates (jej historia jest niesamowita i dotyczy istot pozaziemskich - wyszukaj "Shelley Yates Vancouver Speech" na YouTube, aby usłyszeć jej historię). Sky Sent i Be Still Thy Soul to dwie piękne piosenki, których tematem jest ujawnienie istot pozaziemskich i zmiana, która ma miejsce obecnie. Znam jedną grupę CE-5, która puszcza piosenkę Sky Sent, i która mówi, że istoty pozaziemskie naprawdę wydają się ją lubić. Posłuchajcie tekstu, a zrozumiecie, dlaczego! Dostępne na iTunes lub wejdź na stronę https://anael.net/.

Wesołe piosenki związane z UFO lub istotami pozaziemskimi:
Stwórz listę odtwarzania na podróż, która zaprowadzi cię do tego wyjątkowego, odległego miejsca:

- Anael and Bradfield - *Sky Sent*
- Babes in Toyland - *Calling Occupants of Interplanetary Craft* (Cover)
- Billy Bragg - *My Flying Saucer*
- Billy Thorpe - *Children of the Sun*
- Blue Rodeo - *Cynthia*
- The Carpenters - *Calling Occupants of Interplanetary Craft* (Cover)
- Credence Clearwater Revival - *It Came Out of the Sky*
- David Bowie - *Starman*
- Elton John - *I've Seen The Saucers*
- Five Man Electrical Band - *I'm A Stranger Here*
- Husker Du - *Books About UFOs*
- Jefferson Airplane - *Have You Seen The Saucers?*
- Kesha - *Spaceship* (W 2017 r. Kesha widziała kilka UFO w Joshua Tree)
- Klaatu - *Calling Occupants of Interplanetary Craft* (zainspirowane Światowym Dniem Kontaktu)
- Spiritualized - *Ladies & Gentlemen, We are Floating In Space*
- Yes - *Arriving UFO*

PRZYKŁADOWE AGENDY CE-5

Przy swoich pierwszych paru CE-5, wzoruj się na poniższych agendach. Rób tak do czasu, aż rozwiniesz swój własny, wyjątkowy styl.

Nasze typowe CE-5
- Aby się przygotować, medytujcie trzy razy w tygodniu poprzedzającym pracę w terenie
- W dniu nawiązania kontaktu usiądźcie w kręgu i ustalcie intencję grupową
- Zatonujcie razem słowo "Om", trzy razy na początek
- Zróbcie medytację z zamkniętymi oczami, aby połączyć się ze świadomością jednego umysłu
- Zapoznajcie wszystkich z konstelacjami, planetami, gwiazdą północną itp.
- Zróbcie kolejną medytację przy otwartych oczach, obserwujcie niebo
- Obserwujcie niebo, opowiadajcie historie, śmiejcie się, jedzcie przekąski, rozłóżcie się wygodnie w śpiworach
- Przy zamknięciu spotkania podziękujcie wszystkim, w tym istotom pozaziemskim

CE-5 dla naukowych ludzi
- Usiądźcie w kręgu i ustalcie intencje na noc
- Zapoznajcie się z niebem
- Powtórzcie istotne elementy kontaktu: połącznie ze świadomością jednego umysłu, szczere serce, jasna intencja
- Odtwórzcie medytację dr. Greera na temat spójnego sekwencjonowania myśli
- Pozwólcie ekspertowi astronomii nauczyć was o konstelacjach, gwiazdach, planetach itp.
- Obserwujcie niebo i dowiedzcie się, jak rozróżniać co jest zweryfikowanym UFO, a co nie
- Przejrzyjcie najbardziej udowodnione spotkania z UFO, oficjalnie ujawnione dokumenty itp.
- Omówcie wzajemne oddziaływanie duchowości i nauki, emocji i logiki, serca i umysłu
- Ciche obserwowanie nieba, bez analizowania czy myślenia... zamiast tego, skupcie się na jedności i/lub miłości
- Zakończcie podziękowaniem i wdzięcznością za udział każdej osoby w tym eksperymencie

CE-5 dla uduchowionych ludzi
- Usiądźcie w kręgu, trzymajcie się za ręce i przeprowadźcie otwierającą modlitwę
- Ustalcie intencję na noc
- Zróbcie medytację oczyszczającą
- Niech ktoś poprowadzi medytację jedności
- Poświęćcie trochę czasu na ciche obserwowanie nieba
- Zaśpiewajcie razem pudżę lub niech zrobi to jedna osoba
- Przeprowadźcie medytację, aby otrzymywać przekazy kierowane do grupy
- Zagrajcie na misach dźwiękowych lub didgeridoo
- Więcej obserwacji nieba
- Zakończenie: Trzymajcie się za ręce, pobłogosławcie i podziękujcie Matce Ziemi, Ojcu Niebu, sobie nawzajem, Źródłu i istotom pozaziemskim

CE-5 Matta Maribony
- Wyjdź na zewnątrz
- Pomyśl o wszystkich momentach w swoim życiu, w których czułeś miłość, np. kiedy się zakochałeś, trzymałeś dziecko, byłeś świadkiem odejścia ukochanej osoby, cieszyłeś się lodami w letni dzień, szczeniak lizał cię po twarzy, oglądałeś zachód słońca, uśmiechałeś się do nieznajomego, tańczyłeś do wspaniałej muzyki, czułeś harmonię natury itp.
- Popatrz w górę, wiedząc, że istoty pozaziemskie tam są i mówią "Cześć"

K.I.S.S. CE-5 Johna
- Posłuchaj medytacji Dr. Greera
- Słuchaj zespołu Pink Floyd i patrz w niebo

CE-5 na podstawie wyprawy szkoleniowej CSETI z Dr. Greerem
- Przed startem odtwórz przez głośniki dźwięki kręgów zbożowych. Użyj krótkofalówki lub nadajnika radiowego, aby nadać tony w przestrzeń. Rób to podczas przygotowań i w przerwach.
- Ogólna dyskusja, czas na pytania i odpowiedzi.
- Zrób zapoznanie z niebem.
- Użyj wskaźników laserowych, aby zasygnalizować grupie lokalizację istot pozaziemskich.
- Ceremonia pudży rozpoczyna się, gdy pojawi się jakiś sygnał, na przykład anomalne światło. Stańcie na czas ceremonii. Ewentualnie kilka słów wdzięczności za to, że się odnaleźliście i że chcecie się spotkać w celu zaprowadzenia kosmicznego pokoju na naszej planecie.
- Poprowadź grupę do medytacji, a następnie w pozycji siedzącej, niech grupa cicho pozostanie w tym stanie przez 30 do 45 minut. Wyznacz jedną osobę do obserwacji nieba, podczas gdy grupa medytując ma zamknięte oczy.
- Zróbcie sprawozdanie z medytacji i dyskusji, które będzie trwać przez około godzinę i ciągle obserwujcie wszelkie wydarzenia związane z istotami pozaziemskimi.
- Przerwa na przekąski, rozmowy i na załatwienie swoich potrzeb "bio".
- Zróbcie kolejną rundę medytacji, po której nastąpi podsumowanie i dyskusja.
- Zamknijcie krąg przez trzymanie się za ręce i wytwarzając poczucie wdzięczności.
- Po pracy w terenie spotkanie towarzyskie przy winie, serze i krakersach.

CE-5 Lyssy Royal Holt
- Zrób ceremonię otwarcia z szałwią, witając lokalne duchy i przewodników ziemi.
- Poproś o pozwolenie na obecność na ziemi używając do tego mantry, takiej jak Mantra Gayatri.
- Lyssa porozumiewa się z istotami kanałem mentalnym w zależności od nauczania, które przypada na dany dzień na konkretny temat- jeśli nie masz medium, wybierz temat do rozwoju i opowiadaj o nim. Na wydarzeniach Lyssy, istoty kontynuują "rozmowę" z grupą kanałem mentalnym poprzez medytację kontaktu.
- Jeśli pojawiają się dziwne zjawiska, takie jak anomalie pogodowe, pracuj nad tym, aby spostrzec, co dzieje się poza ludzką percepcją, która często przekłada się na otoczenie.
- Pracuj z fotografią istoty pozaziemskiej, aby połączyć się z jej energią.
- Agendę można zmieniać, zależnie od okoliczności, warunków, grupy i przekazów.

CE-5 Aotearoa – CE-5 dla nowych osób
- Zaplanuj nieformalne spotkanie, aby omówić CE-5 przed udaniem się w teren.
- Jeśli wybierzesz nową lokalizację, poproś istoty pozaziemskie o przewodnictwo i poproś je o potwierdzenie przez wysłanie oczywistego sygnału.
- Zaproś każdego, kto chciałby dowiedzieć się o CE-5, w zgodzie z wymaganiami zespołu.
- Przed wydarzeniem, ćwicz spójne sekwencjonowanie myśli (przez aplikację CSETI).
- Na wydarzeniu: powitanie przez animatora, poznanie się osób, zapoznanie się z miejscem/niebem, czego można oczekiwać itd.
- System opiekunów: w miarę możliwości łącz w pary nowe osoby z doświadczonymi.
- Osoby dzielą się swoją intencją, dzięki której są obecne na tym wydarzeniu.
- Rozpocznij ceremonię wzywając wszystkich, którzy pomagają nam w przejściu w stan pokoju, aby dołączyli do nas. Wyraź wdzięczność oraz podziękuj im i sobie nawzajem.
- Wypełnij swoje serce miłością poprzez uznanie wszystkiego, za co jesteś wdzięczny: siebie nawzajem, rodzinę, partnera, zwierzęta domowe, Ziemię, możliwość odbywania CE-5 itd.
- Przeprowadź medytację otwierającą CTS, następnie cichą medytację (kontynuacja na następnej stronie)

- Dzielenie się, a następnie krótka przerwa i spacer po terenie dla tych, którzy chcą to zrobić. Doświadczone osoby mogą wesprzeć te nowe podczas CE-5.
- Medytacje i dyskusje/dzielenie się przez resztę wieczoru, w zgodzie z tym, co naturalnie się wydarzy.
- Zamknij spotkanie ceremonią wdzięczności, podziękowaniami, modlitwą, muzyką itp.

CE-5 Aotearoa – CE-5 dla doświadczonych zespołów
- Zaplanuj wydarzenie na 3 lub 4 noce. Więcej czasu często pozwala na głębsze przeżycia.
- Co najmniej dwa tygodnie wcześniej zacznij robić codzienną medytację spójnego sekwencjonowania myśli (CTS) dla tego miejsca.
- Wyznacz intencję dalszego łączenia się z konkretnymi istotami, z którymi kontakt został już nawiązany. Wyraźnie zakomunikuj w CTS, że chciałbyś, aby ta relacja była obustronnie korzystna.
- Poznajcie się i zacieśnijcie więzi, bo to pomaga stworzyć spójny zespół. Im my jesteśmy bliżej, tym oni są bliżej. Wyobrażajcie sobie nawzajem swoje twarze (także nie-ludzi) podczas wykonywania CTS i skupcie się na pracy jako jedność.
- Stwórz listę mailową dla osób biorących udział w wydarzeniu i zachęcaj do komunikacji.
- Zapisuj wszelkie sny, doświadczenia poza ciałem (OBE), RV, sekwencje liczbowe lub inne doświadczenia, które mogą być związane z tym wydarzeniem. Podziel się tym z wszystkimi na liście e-mailowej.
- Jedz lekkie potrawy (najlepiej wegetariańskie) na tydzień przed i w trakcie wydarzenia.
- Zacznij od modlitwy otwierającej/tonowania, a następnie dzielenia się w grupie.
- Wykonaj medytację z energią rezonansową lub podobną, aby wyrównać centra energetyczne wszystkich osób w zespole. Zakotwicz to w Ziemi, a następnie rozszerz na wszystkie parametry na zewnątrz i wewnątrz.
- Utrzymuj energetyczną przestrzeń miłości, radości, wdzięczności i pokoju w centrum zespołu.
- Utrzymuj intencję, aby istoty "połączyły się" z zespołem.
- Przejdź przez proces komunikacji bioelektromagnetycznej, następnie do cichej medytacji, a potem do "powiedz, co widzisz". Sesje "powiedz, co widzisz" są wtedy, gdy zespół jest we wspólnym stanie RV (idealnie) i dlatego może uzyskać dostęp do tych samych informacji. Poproś o potwierdzenie poprzez obecną technologię (mierniki trójpolowe itp.) i/lub poprzez wspólne zbiorowe doświadczenie (obrazy, uczucia, niezwykłe doznania, przyciąganie do pewnych obszarów w tym miejscu itp.)
- Jeśli miernik odpowiada na informacje, przejdź do sesji pytań i odpowiedzi: wyjaśnij z kim jesteś w kontakcie "Czy możesz potwierdzić, że jesteśmy w kontakcie z istotą pozaziemską" itp., prosząc o potwierdzenie rodzaju istoty (istota pozaziemska, niebiańska, duch itp.). Jeśli używasz miernika, zadawaj pytania z odpowiedzią "Tak" lub "Nie"; "Nie" często może być ciszą, jednak upewnij się, że wyjaśnisz czym jest "Tak". Jeśli pojawiają się wspólne obrazy, uczucia itp., skup się na nich i rozwijaj je dalej, energetycznie prosząc o więcej informacji/zrozumienia. Poproś istoty obecne, aby połączyły się z zespołem. Płyń z prądem.
- Skup się na przepływie energii i "pobieraniu" informacji.
- Jeśli nastąpi energetyczne naprowadzenie (zwykle mierzone za pomocą miernika trójpolowego), zespół może trzymać się za ręce i postawić stopy na ziemi, aby energia została rozprowadzona i zakotwiczona. Rozprowadzaj energię swobodnie między zespołami CE-5 na całym świecie, po prostu poprzez intencję, aby tak zrobić. Utrzymuj intensywność tych pobrań na niskim poziomie poprzez utrzymywanie uczucia radości i zakotwiczenia do Ziemi. Uśmiechnij się ☺. Pozwól informacji, aby stała się rozpoznaną.
- Medytacje i dyskusje/dzielenie się przez resztę wieczoru, podążając za tym, co naturalnie się wydarzy. Zachęcaj zespół do swobodnego dzielenia się wszystkim, co doświadczają.
- Zakończenie ceremonią podziękowań dla wszystkich uczestniczących osób.

Instrukcje Roberta Bingham'a na temat tego, jak wezwać UFO
- Zacznij z otwartym sercem i otwartym umysłem. Miej dobrą intencję. Skoncentruj się na jakimś miejscu na niebie. Telepatycznie powiedz: "Proszę, przyjdź. Dziękuję." Obserwuj niebo.

Zajęcia CE-5 podczas odosobnienia Kosty ETLet'sTalk:

- Wykonaj medytację otwierającą, łączącą grupę ze sobą nawzajem, z globalną społecznością CE-5 i z uniwersalną jednością.
- Zrób medytację oczyszczającą energię tak, aby tylko pozytywne energie składały się na pole grupy.
- Zorientuj się i nauczaj o konstelacjach, gwiazdach i planetach na nocnym niebie.
- Naucz właściwego rozpoznania istoty pozaziemskiej w porównaniu z jednostkami stworzonymi przez człowieka i naturalnymi zjawiskami na niebie i ziemi.
- Naucz właściwego protokołu obserwacji obejmującego lokalizacje nieba, używanie urządzeń wskazujących itd.
- Prowadź obserwację nieba i medytację (w przypadku obserwacji nieba, naprzemiennie prowadź cichą obserwację nieba i obserwację nieba, w której dozwolone są rozmowy).
- W odpowiednich momentach, przez całą noc, dziel się znaczącymi historiami na temat kontaktu z istotami pozaziemskimi.
- Rób przerwy na potrzeby "bio", przekąski i zapoznawanie się z innymi.
- Rób więcej medytacji na przemian z oglądaniem nieba.
- Zakończ pracę w terenie trzymając się za ręce i dziękując wszystkim uczestnikom, w tym istotom pozaziemskim.

Kontakt z istotami pozaziemskimi Jamesa Gillilanda

James nie ma żadnego planu działania. Obserwacje nieba, które mają miejsce na ranczu ECETI są swobodne i zabawne. Jak mówi James, "To jest ta ziemia. One tutaj po prostu są." Główna wskazówka Jamesa, aby zwiększyć obserwacje: "Aby nawiązać kontakt, zbierz się do kupy". Oznacza to pracę nad uzdrowieniem swojego wstydu, ran, krytycyzmu, egoizmu, przywiązania, chciwości, ego itp. Na ranczu, głównym tematem jest radość. Kultywuj swoje "momenty błogości", witaj śmiech, miłość i skieruj swoje oczy ku niebu.

Zaawansowany protokół "Protokołu Obcych"

Wyznacz sobie jeden lub dwa tygodnie okresu przygotowawczego, w którym:

- Nie będziesz jadł mięsa czy jajek.
- Nie będziesz zażywał narkotyków ani alkoholu (lekarstwa i wino ceremonialne są w porządku).
- Wykonasz dwie trzydziestominutowe medytacje dziennie, łącząc się z jednością i wszechświatem, rozumiejąc swoją pełną naturę, pokazując swoją dokładną lokalizację i wizualizując konkretną prośbę dotyczącą spotkania, którą chciałbyś mieć.
- Będziesz miał dwa rytualne prysznice przez pięć dni, aby usunąć złą energię i podnieść wibrację.
- Zmierzysz się ze swoim strachem trzy razy medytując w ciemnym lub przerażającym miejscu... skonfrontuj swój strach z miłością.
- Zwiększysz fale mózgowe Theta za pomocą czekolady, herbaty z bylicy pospolitej, gier strategicznych/słownych i słuchania binauralnych dźwięków.

Praca w terenie odbywa się przez co najmniej dwa dni, w bezpiecznym i prywatnym miejscu:

- Oczyść to miejsce za pomocą szałwii lub spalania świętego tytoniu.
- Jako grupa, pomedytujcie trzy razy w ciągu dnia i włączcie w to Tai Chi/przywitanie słońca oraz tonowanie/nucenie.
- W nocy róbcie medytacje, ćwiczenia wokalne, grajcie harmoniczne dźwięki i łączcie się ze wszystkimi.
- Miej długopis i papier, aby ludzie mogli pisać prośby, afirmacje, modlitwy, uczucia, wrażenia na temat zdalnego postrzegania.
- Jest więcej protokołów... Grupa Protokołu Obcych mówi: "...jeśli dotarłeś tak daleko, to oni wymyślą resztę...puszczam wam oczko!"

Rada od Sixto Paz Well

Podczas gdy nie wiemy, jak ogólnie przebiega wydarzenie kontaktu z Rahmą, mamy instrukcje od Sixto opisujące to, co uważa za jedną z najważniejszych zdolności do rozwinięcia podczas kontaktu z istotami pozaziemskimi. Zobacz "Grupowe porozumiewanie się kanałami mentalnymi" w sekcji poświęconej medytacji.

ROZWIĄZYWANIE PROBLEMÓW

Jak przyśpieszyć:

Jeśli jesteś w większości przygnębiony, niespokojny, urażony, cyniczny, sceptyczny we wrogi sposób (umiarkowany sceptycyzm jest dobrą rzeczą!), zły, przekonany o zasługiwaniu na szczególne traktowanie, wredny, pesymistyczny itp.... tak, będziesz mieć spójne obserwacje... pewnego dnia! Na razie masz trochę pracy do wykonania:

- Znajdź dobrego doradcę lub medium albo znajdź kilka książek, filmów, źródeł na temat samopomocy.

- Zaakceptuj, że to ty jesteś odpowiedzialny za swoje życie i że to ty tworzysz swoją własną rzeczywistość i przyszłość, nawet jeżeli dostało ci się "kiepskie rozdanie kart". Tak, życie może czasami być do bani, możesz obwiniać wszystkich innych i może to być usprawiedliwione, ale gdzie cię to zaprowadzi? Zmobilizuj się i wrzuć na wyższy bieg. Pogódź się ze sobą i z tym, gdzie jesteś.

Obawy:

Naszymi największymi zbiorowymi obawami przed kontaktem z istotami pozaziemskimi nie będą porwania czy hollywoodzkie przedstawianie ataków obcych. To może być podświadomy strach przed utratą naszego ego, gdy przyspieszamy nasze wibracje wystarczająco wysoko, by komunikować się z istotami pozaziemskimi (zobacz książkę Lysse Royal Holt "*Prepare for Contact*"). Jeśli dasz wiarę tym nakierowanym źródłom, możesz spać spokojnie, ponieważ wiele głównych źródeł podaje, że nie stracisz swojej indywidualności w miarę wznoszenia się, nawet jeśli ostatecznie zjednoczysz się ze Źródłem (Seth, Billy Fingers, The Hathors). Niezależnie od tego, jakie są twoje obawy i lęki, im więcej robisz CE-5, im bardziej się relaksujesz i skupiasz się na tym, czego chcesz, a nie na swoich lękach, z czasem te lęki się zmniejszą i sięgniesz po doświadczenia, których pragniesz.

A teraz bardzo powszechna dyskusja CE-5:

"Czy istnieją negatywne istoty pozaziemskie?"
W świecie CE-5 toczy się na ten temat pewna debata. Książka ta nie ma na celu udzielenia tobie odpowiedzi, ale ma za zadanie skierować cię w stronę twoich własnych poszukiwań i rozeznania. Niektórzy uważają, że każda istota pozaziemska posiadająca zdolność i technologię do przekraczania czasu i przestrzeni jest również z natury zaawansowana duchowo. Niektórzy uważają, że rasy, które "służą tylko sobie" są lub były tutaj i sprawiały kłopoty.

Pokonanie różnic w poglądach jest dużym krokiem w twoim procesie ewolucji. Kiedy zdecydujesz w co wierzysz, uważaj, aby nie nadepnąć na przekonania innych. Ludzie dochodzą do swoich własnych wniosków z uzasadnionych powodów. Każda osoba jest unikalna, z własnymi osobowościami, historiami, bodźcami, lękami, pragnieniami, poprzednimi systemami wierzeń i rzeczywistością. Tak, tak, prawdopodobnie masz rację. A jeśli rzeczywiście masz rację i chcesz się chwalić tą odznaką duchowej integralności obok swojego przycisku "MAM RACJĘ", musisz się odprężyć i pozwolić innym działać w ich własnej rzeczywistości (chwila, czy to była duchowa pułapka na ego?). Ostateczna rzeczywistość nie ma wiele wspólnego z solidnymi, niezmiennymi faktami. Każdy człowiek jest swoim własnym wszechświatem, a istota jego życia leży bardziej w jego perspektywie i nastawieniu niż w jego słowach czy materialnych dziełach. Podsumowując to w prostych słowach: jeśli uważasz, że ktoś inny "myli się, bo się myli", to... jesteś w błędzie. Cholera!

Bez względu na to, czy uważasz, że negatywne istoty pozaziemskie istnieją, możemy cię zapewnić, że CE-5 jest bezpiecznym miejscem, aby w nim uczestniczyć. Nie słyszeliśmy o ani jednym negatywnym doświadczeniu z istotami pozaziemskimi, które wynikałoby z CE-5. "My" to duża liczba. Dziesiątki osób przyczyniły się do powstania tego poradnika, z dziesiątkami lat wspólnych doświadczeń w wielotysięcznej organizacji. Gdyby coś takiego się wydarzyło, usłyszelibyśmy o tym. Ludzie z CE-5 uwielbiają dzielić się informacjami (z pewnością istnieją historie opowiadane przez ludzi z CE-5, którzy mieli negatywne doświadczenia z... innymi ludźmi z CE-5!). Wracając do tematu, wierzymy, że kochająca przestrzeń serca musi być kultywowana, aby wprowadzić pracę, która wykluczy negatywne istoty pozaziemskie... jeśli istnieją.

"Ok, więc, postawmy sprawę jasno. Czy jest jakakolwiek szansa, że zostanę uprowadzony?"
Nie, jeśli używasz jakiegokolwiek protokołu CE-5. Poza CE-5, masz teraz mniej powodów do zmartwień niż w poprzednich latach. Zmniejszyła się liczba zgłoszeń uprowadzenia.

Zboczmy trochę z tematu i szybko przejdźmy do tego, czym mogą być uprowadzenia, ponieważ jest to popularny obszar wywołujący obawy. Niektórzy wierzą, że istoty pozaziemskie uczestniczące w uprowadzeniach były życzliwymi naukowcami, wykonującymi pracę z naszym DNA, aby chronić nasz rodowód, a proces ten nie miał na celu nas przestraszyć. Uważają oni, że ci z nas, którzy przeszli przez uprowadzenie i byli w stanie zachować wspomnienia, pamiętają to wydarzenie tak samo jak dziecko, które pamięta, że miało wykonany zabieg medyczny wbrew jego lub jej woli, ale był korzystny na dłuższą metę. Inni wierzą, że uprowadzenia były bezlitosnym projektem, w którym ludzkie DNA było zbierane w celu hybrydyzacji obcego gatunku lub w innych celach służących samemu sobie. Niezależnie od tego, w którym obozie się znajdujesz, obecnie większość uważa, że wszelkie uprowadzenia, które mają miejsce w dzisiejszych czasach są teatrem wojskowo-przemysłowym, mającym na celu przestraszenie społeczeństwa i oczernienie wszystkich istot pozaziemskich. Ale nawet w tym przypadku, kiedy ostatni raz słyszałeś o uprowadzeniu? Może budżet wojska na straszenie nas kurczy się. Cokolwiek to było, czasy świetności uprowadzeń już minęły.

"Czyli nie muszę się martwić? Ciągle się martwię. Przekonaj mnie"
Cóż, może powinieneś być trochę ostrożny w stosunku do negatywnych istot.

"Czy właśnie powiedziałaś 'negatywne istoty'? Co, do cholery!?"
Nie martw się. Czym jest negatywna istota? Jeśli ten podzbiór życia istnieje, negatywna istota może zawierać: duchy, dusze, międzywymiarowość, negatywne formy myślowe, złe wibracje itp. To może brzmieć przerażająco, ale jeśli jesteś dobrym człowiekiem i ogólnie czujesz się dobrze przez większość czasu, jesteś zabezpieczony. Zgłębiłam ten temat z zaufaną medium. Jej przewodnicy powiedzieli, że w dzisiejszych czasach negatywne byty są w większości stosunkowo nieszkodliwe, ponieważ ludzkość przesunęła się do góry w skali wibracyjnej. W dawno minionych czasach "demoniczne" opętania i niepokojące efekty działania negatywnych bytów były bardziej powszechne. Negatywne byty są przyciągane do nas, ponieważ jesteśmy potężną fizyczną siłą, która może je zrównoważyć i pomóc im wyjść z ich bezradnej inercji. Są one bardziej pasożytnicze niż cokolwiek innego i czerpią z naszej energii. Powiedziała, że są one liczne i trzeba pamiętać, że nasze otoczenie jest również pełne pozytywnych bytów. Jeśli wibrujesz na wysokiej częstotliwości, nawet nie zauważysz tych uciążliwości. Jeśli chciałbyś zrzucić kilka przywiązanych do ciebie bytów, szałwia lub trawa słodka są bardzo skuteczne ze względu na gęste, neutralizujące właściwości dymu. Albo wykonaj oczyszczanie, jak to, które James Gilliland przedstawił w sekcji dotyczącej medytacji. Upewnij się, że rozumiesz subtelną różnicę pomiędzy semantyką "ochrony" siebie a "uzdrawianiem/oczyszczaniem". Jedno pozycjonuje cię jako ofiarę. Drugie pozycjonuje cię jako zwycięzcę. Negatywne byty są tylko tak potężne, jak im na to pozwolisz. Skąd wiesz, czy mogłeś przyciągnąć jedną z tych niepoważnych, drażniących istot? Możesz to stwierdzić po tym, jak się czujesz i po swoim zachowaniu. Nawet jeśli nie wierzysz w negatywne byty, jeśli jesteś palantem i czujesz się jak "gówno" lub czujesz się naprawdę smutny, przestraszony lub zmęczony, być może powinieneś coś z tym zrobić!

"Utknąłem na tej rzeczy o negatywnej istocie pozaziemskiej"

Nie ma problemu, w naszej grupie mamy wielu, którzy wierzą, że negatywne istoty pozaziemskie istnieją, więc dokładnie zbadaliśmy ten obszar dotyczący jakichkolwiek obaw. Zaraz cię uspokoimy następującymi teoriami:

- Niektóre historie na temat pochodzenia i kanalizowania sugerują, że proces ujawnienia jest jednym ze sposobów, w jaki planety ewoluują. Możecie być częścią duchowej załogi, która podróżuje od ciemnej planety do ciemnej planety, podnosząc tych, którzy żyją pod tyranią poprzez pomaganie im w nawiązaniu kontaktu z innymi cywilizacjami z kosmosu. CE-5 i ujawnianie może być świętym procesem wznoszenia planety, który ma uniwersalne poparcie i nie może być manipulowane przez złośliwe istoty.

- Zgodnie z teorią "CE-5 jest święte", jest bardzo prawdopodobne, że galaktyczna federacja złożona z przedstawicieli wysoko zaawansowanych cywilizacji współpracuje na rzecz ograniczenia ras istot pozaziemskich o wrogich, ukrytych celach, gdy łamią one Prawo Uniwersalne. Wszyscy z nas mają prawo do wolnej woli, w tym do uczestniczenia w życiu jako sprawcy i ofiary. Jednakże wielu uważa, że korupcja na tej planecie zaszła za daleko. Ziemia potrzebuje pomocy. Tak więc, kiedy istoty, które "służą tylko sobie" przekraczają linię, legiony istot, które "służą innym" przynoszą pomoc.

- Wspierając te teorie i w zgodzie z redukcją zgłoszonych uprowadzeń, kilka źródeł mówi, że jakiekolwiek negatywne istoty pozaziemskie, które gdzieś tam istnieją, zostały już od pewnego czasu w latach 90-tych, eksmitowane i ekskomunikowane z Ziemi.

- Zapomnijmy o teoriach i spójrzmy na to z punktu widzenia prawa przyciągania. Ludzie, których ciągnie do nawiązania kontaktu, już wibrują na wysokim poziomie i kontakt z istotami o niższej wibracji po prostu do nich nie pasuje. Pomyślmy o tym tak: każdy, kto jest skłonny wyglądać jak szaleniec i spróbować CE-5, demonstruje pierwszorzędny poziom nieustraszoności.

- Wreszcie, w grupie ludzi, poziom kontaktu jest zazwyczaj ograniczony do "najmniejszego wspólnego mianownika". Na przykład, jeśli jedna osoba jest gotowa do nawiązania bezpośredniego kontaktu twarzą w twarz, ale reszta grupy nie jest, to do takiego kontaktu nie dochodzi. Pomyślmy o tym w odwrotnej kolejności. Jeśli jedna osoba jest o wiele niższej wibracji niż grupa szczęśliwych ludzi, siła szczęśliwszych ludzi wyrównuje sytuację i wyklucza możliwość interakcji ze złą istotą pozaziemską lub negatywnym bytem.

Ostatecznie musisz podjąć decyzję o tym, jaka będzie twoja rzeczywistość. Życie nie bez powodu jest ogromnym bufetem kontrastów: po to, abyś mógł wybierać. Zaakceptuj, że wszelkiego rodzaju negatywność jest częścią życia, z której się uczymy, aby móc stworzyć rzeczywistość, której pragniemy. To jest twoje przedstawienie! Zadbaj o siebie i swój rozwój, zrób oczyszczanie, jeśli źle się czujesz i przebywaj z pozytywnymi, szczęśliwymi, życzliwymi ludźmi. Przede wszystkim zaufaj swoim zmysłom. Wyczuj wibracje każdej sytuacji, która pojawia się na Twojej drodze. Będziesz wiedział, czy odwrócić się od niej, czy iść w jej kierunku. Masz to w sobie.

"Ciągle się boję"

Do niczego się nie zmuszaj. Idź do pierwszego segmentu tej sekcji "Jak przyśpieszyć".

Rada: Jeśli dajesz wiarę kanalizowaniu, użyj swojego rozeznania, aby upewnić się, że otrzymujesz dobrą informację... niektóre kanalizowania są podatne na złe zakłócenia lub po prostu nie są wyraźnie odbierane.

OBSERWACJA W CIĄGU SZEŚCIU WYJŚĆ

Wierzymy, że jeśli skupisz się na trzech kluczowych elementach:

1. Połączeniu ze świadomością jednego umysłu
2. Szczerym sercu
3. Jasnej intencji

To doświadczysz obserwacji w ciągu sześciu wyjść.

Jeśli możesz wyjść z kilkoma innymi osobami, tym lepiej. Wypróbuj niektóre z sugestii zawartych w książce. Nie potrzebujesz żadnych wskaźników laserowych ani skanerów radarowych - wystarczy, że będziesz pod gwiazdami.

Gdy doświadczysz obserwacji, proszę podziel się tym! Tym, co zobaczyłeś, twoimi wewnętrznymi wrażeniami, twoim procesem… Skocz na ETLet'sTalk lub na stronę grupową na Facebooku i obgadaj to z innymi!

- ETLet'sTalk: http://etletstalk.com/
- Inicjatywa CE-5: https://www.facebook.com/groups/205824492783376/
- CE-5, UFO, SIRIUS: ETLetsTalk.com: https://www.facebook.com/groups/1593375944256413/
- Uniwersalna Globalna Misja CE-5: https://www.facebook.com/groups/1827858540868714/

Jeśli postępowałeś zgodnie z instrukcjami zawartymi w tym poradniku i nie udało ci się doświadczyć obserwacji w ciągu sześciu wyjść, napisz do nas. Razem zastanówmy się, w czym tkwi twój opór.

calgaryce5@gmail.com

Jak mówi James Gilliland, "Kontakt zaczyna się od środka". Mamy nadzieję, że ten poradnik zainspiruje cię, aby podjąć działanie i poszerzyć swoje wewnętrzne ja.

Roczne obserwacje UFO: 1910-2010

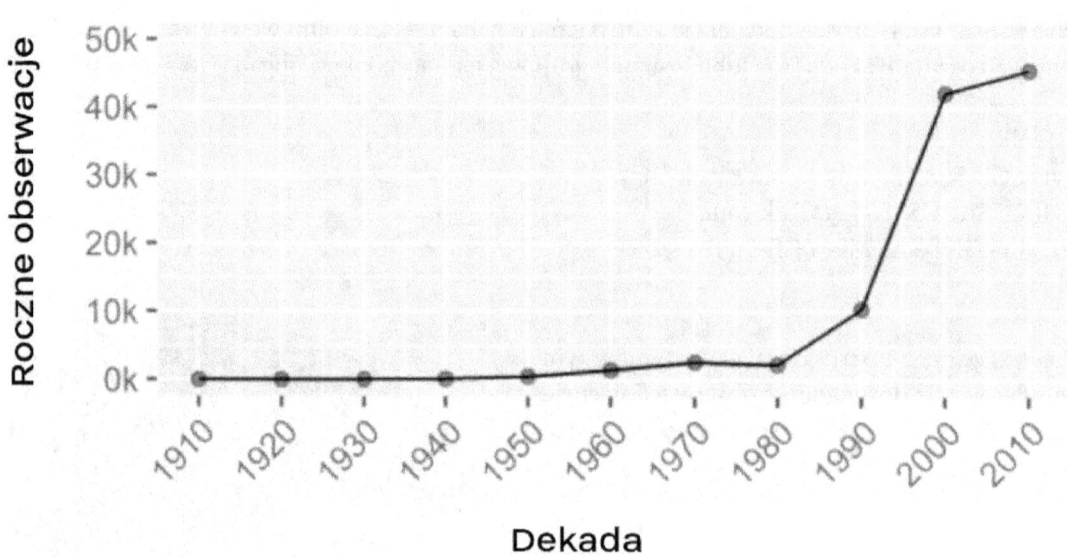

Dane z: Narodowe Centrum Zgłoszeń UFO
Opracowane przez: Sam Montford

CZĘŚĆ TRZECIA:

OPINIA REDAKCYJNA/

ZAŁĄCZNIKI

FAŁSZYWE FLAGI

Jeśli jesteś sceptyczny i dotarłeś tak daleko, pochwalamy cię za twoją zdolność do tolerowania różnych perspektyw. Niezależnie od tego, jaka jest ostateczna rzeczywistość, demonstrujesz poziom ewolucji, który naszym zdaniem przyczyni się do obserwacji! Teraz... przetestujmy cię dalej.

"Fałszywa flaga" to akt terrorystyczny dokonany na własnych obywatelach w celu zjednoczenia ich przeciwko zewnętrznemu wrogowi i odwrócenia ich uwagi od prawdziwego zagrożenia, które w rzeczywistości pochodzi z wewnątrz kraju.

Werner Von Braun był niemieckim inżynierem lotnictwa i kosmonautyki, który po II wojnie światowej został sprowadzony do Stanów Zjednoczonych w ramach operacji Paperclip. Jego asystent opisuje jego ostrzeżenia przed fałszywą flagą o epickich rozmiarach:

> "Najbardziej interesujące było dla mnie jedno powtarzające się zdanie, które powtarzał mi w kółko przez około cztery lata, kiedy miałam okazję z nim pracować. Powiedział, że strategia, która była wykorzystywana do edukowania społeczeństwa i decydentów polegała na stosowaniu taktyki straszenia... najpierw Rosjanie będą uważani za wroga. W rzeczywistości w 1974 r. byli oni wrogiem, zidentyfikowanym wrogiem... Następnie zidentyfikowano terrorystów, co wkrótce miało nastąpić. Dużo słyszeliśmy o terroryzmie. Potem mieliśmy zamiar zidentyfikować "wariatów" z krajów trzeciego świata. Teraz nazywamy je Narodami Niepokoju... Kolejnym wrogiem były asteroidy. Teraz, w tym momencie jakby się roześmiał, gdy powiedział to po raz pierwszy. "Asteroidy - przeciwko asteroidom będziemy budować broń w przestrzeni kosmicznej". A najzabawniejsze było to, co nazwał kosmitami, istotami pozaziemskimi. To byłby ostatni popłoch. I ciągle, ciągle, ciągle przez te cztery lata, kiedy go znałam i wygłaszałam dla niego przemówienia, przywoływał tę ostatnią kartę. "I pamiętaj Carol, ostatnią kartą jest karta kosmitów. Będziemy musieli zbudować kosmiczną broń przeciwko kosmitom, a wszystko to jest kłamstwem".
>
> —Carol Rosin

Dr Greer również otrzymał poufne informacje, że istnieje możliwość, że Kompleks wojskowo-przemysłowy (MIC) oszukuje na temat "inwazji obcych", aby wzmocnić władzę i usprawiedliwić swoją obecność.

Wspierając równoległą, podobną możliwość, Barbara Marciniak mówi o przewidywanym czasie, kiedy rasa istot pozaziemskich przejmie władzę jako nasi nowi przywódcy, a my, w naszej głupocie, będziemy czcić ich jak Bogów.

Na szczęście dla nas, samo istnienie filmu dokumentalnego "Unacknowledged" czyni poważną rysę na obu tych nikczemnych możliwościach. Jeśli któraś z tych fars zacznie się przyjmować, nie będzie trzeba wiele pracy, aby ludzie podzielili się tym dokumentem z bliskimi, aby wzmocnić wiedzę w społeczności. Ponadto grupy CE-5 z całego świata mogą skontaktować się z lokalnymi mediami i przedstawić dowody swoich doświadczeń w komunikacji z życzliwymi istotami. Możesz chcieć nagrywać swój proces, zbierać materiały filmowe i przechowywać raporty z uzdrowień tylko w tym celu.

> Od 2001 roku Carol Rosin jest zaangażowana w aktywizm polityczny, którego celem jest powstrzymanie militaryzacji przestrzeni kosmicznej. Carol jest inicjatorką Traktatu o Zapobieganiu Umieszczania Broni w Przestrzeni Kosmicznej. Twoim najlepszym wkładem jest list napisany własnymi słowami, który jest przekazywany prezydentom państw na całym świecie. Więcej informacji na stronie http://peaceinspace.com.

PIĄTEK

Kolega z Alberty i lider CE-5, Charles Brygdes, mówi, że w każdym tygodniu myśli, "Może to jest ten piątek, kiedy nastąpi ujawnienie!". Koncentruje się na tym dniu, bo Richard Dolan, badacz UFO, zaproponował, że ujawnienie wydarzy się w dniu, w którym giełda może być zamknięta na kilka dni, ponieważ świat będzie w szoku (i miejmy nadzieję, że trochę się ustabilizuje). Ujawnienie może mieć skutki, które są niewygodne lub stanowią wyzwanie. Z tego powodu rządy na całym świecie powoli wypuszczają dokumenty, aby pomóc nam przyzwyczaić się do nowego paradygmatu.

"Kiedy nastąpi ujawnienie?"
To jest dobre pytanie. Richard Dolan powiedział, że istnieje 90% szans, że stanie się to w ciągu dwudziestu lat i że jego prognoza jest konserwatywna (jego cytat pochodzi z 2016 roku, więc oblicza się to na 2036 rok). Bashar, przemawiający przez Daryla Ankę, przewiduje, że będzie to pomiędzy 2030 a 2033 rokiem. Bashar nie przepowiada za często ani na lekko i przewidział 11 września co do roku. To zgadywanie, oczywiście, jest względne dla naszych własnych osobistych działań. W jaki sposób przyczynisz się do ujawnienia?

"A co z 'nimi' – co, jeśli 'oni' nie pozwolą, aby nastąpiło ujawnienie?"
Wiemy, że przestępcy sprawujący obecnie władzę u steru świata próbują stłumić ujawnienie informacji, aby podtrzymać tę opresyjną tyranię niewolniczej pracy. Skąd mamy pewność, że nie uda im się to dzięki fałszywym flagom i zaciemnianiu informacji?

Niech opowie o tym historia Billa Brockbradera. Bill był ściśle tajnym specjalistą wojskowym, który w czasie wolnym od wojny zrzucał pociski Tomahawk na małe afgańskie wioski. Bill zdał sobie sprawę, że to, co robił było złe i w końcu wycofał się z służby. Następnie został członkiem Anonymous. Edward Snowden, słynny były komputerowy chłopak od CIA, który ujawnił nam prawdę o NSA, był również częścią tej samej komórki Anonymous. Edward potrzebował wabika, bo kiedy coś dzieje się w świecie zewnętrznym, który eksytuje agencje wywiadowcze, wewnętrzne bezpieczeństwo idzie w dół. W komórce Anonymous wszyscy mówili: Oczywiście, wabikiem musi być Bill - on ma najlepszą historię. Więc Bill wkroczył do akcji. Kiedy Bill zrobił swój wywiad z Kerry Cassidy demaskujący te zbrodnie wojenne, Edward wykradł terabajty danych i bardzo szybko udał się do azylu (dziękuję Ci Rosjo!). Bill został schwytany, skazany na karę więzienia, a kiedy wyszedł na wolność, zapadł się pod ziemię. Jego historia jest naprawdę heroiczna. Teraz, gdy macie już kontekst tego, kim jest Bill, przechodzimy do pikantnej części (jakby to wszystko nie miało w sobie wystarczająco pikanterii): W czasach, gdy Bill pracował dla wojska, poproszono go o wykonanie dodatkowego projektu z powodu jego wysokiej inteligencji i zdolności parapsychologicznych. Poproszono go, aby przyjrzał się projektowi Looking Glass, który był urządzeniem, które MIC wcześniej wykorzystywał do przewidywania przyszłości. Zapytali go: "Która oś czasu wygra?". Bill przelał dane i dał im odpowiedź: wszystkie potencjalne linie czasowe załamały się w jedną linię czasową; istnieje teraz tylko jeden wynik. Reszta tego, co dzieje się tutaj na Ziemi, przypomina końcową rozgrywkę w szachy, w której przegrany, zamiast godnie pogodzić się z potwierdzoną przegraną, usiłuje przedłużyć swoje panowanie. Uwaga spoiler: dobrzy wygrywają.

Mogę osobiście poświadczyć za niestrudzoną partnerkę Billa, Evę Moore, Kanadyjkę, która sama jest demaskatorką i aktywistką. Znam ją od wielu lat i jest ona jedną z najszczerszych, najodważniejszych i najsilniejszych kobiet, jakie znam.

Niezależnie czy to będzie ten piątek, czy 982. piątek z kolei, ujawnienie będzie miało miejsce!

WOLNA ENERGIA

Na YouTube jest naprawdę dobry wywiad z Daryl Anką na temat Wniebowstąpienia i Nowego Porządku Świata (https://www.youtube.com/watch?v=vRtbvXp3wkw). Poniżej znajduje się podsumowanie z kilkoma naszymi dodatkowymi przemyśleniami:

- Nikt nie ma nad tobą kontroli.

- Kiedy uświadomisz sobie swoją własną moc i podniesiesz swoją częstotliwość, rozwiną się twoje najbardziej pożądane manifestacje (lub jeśli spojrzysz na to w inny sposób, zmienisz częstotliwości i przeniesiesz się do ulepszonego, równoległego wszechświata).

- W zasadzie wszystko z czym walczymy, zakotwiczamy w naszej rzeczywistości.

- Im bardziej skupiamy się na tym, czego nie chcemy, tym bardziej tego doświadczamy.

- Aby coś się zmieniło, musimy raczej WOLEĆ rzeczywistość niż jej POTRZEBOWAĆ.

- Kiedy czegoś desperacko pragniemy, to wciąż się od nas oddala, a my wciąż za tym gonimy.

- Nie ma nikogo, kto "wstrzymywałby" przed nami wolną energię. Nie potrzebujemy ujawnienia, aby dostać się do wolnej energii. Wielu ludzi stworzyło urządzenia wolnej energii. Niektórym skonfiskowano ich urządzenia, spalono laboratoria lub zostali zabici. Niektórzy stworzyli wolną energię i nie zatrzymano ich metod (ktoś z naszej grupy widział demonstrację wolnej energii w Quebecu, przeprowadzoną przez Daniela Pomerleau. Nikt do tej pory nie był w stanie tego zrozumieć ani zreplikować! Sądzimy, że może on używać własnego pola energetycznego lub technologii świadomości jako katalizatora, co może być powodem, dla którego jego urządzenie nie zostało zabrane). Skonfiskowane czy nie, nasi naukowcy otrzymają inspirację, aby stworzyć je ponownie, jak również właściwą intuicję prowadzącą nas do tego, jak zrobić to bezpiecznie. Kiedy jesteśmy w harmonii ze Źródłem, właściwe pomysły pojawią się we właściwym czasie.

- Strach przyciąga do siebie jak magnes to, czego nie chcesz, ale odrobina ostrożności to dobra rzecz. Oto co słyszeliśmy o bezpiecznym rozwijaniu wolnej energii. Po włączeniu urządzenia wolnej energii, technologia skanowania może zlokalizować, gdzie ta energia jest tworzona. A dzięki Edwardowi Snowdenowi wiemy, że "oni" mogą śledzić każde twoje cyfrowe działanie. Podobno nie ma znaczenia nawet to, czy twój telefon jest wyłączony. Słyszeliśmy również, że istnieją kamery satelitarne, które mogą na żywo przybliżać twoją okolicę. To jest trochę zagadka do obejścia, ale może być i będzie twórczo rozwiązana.

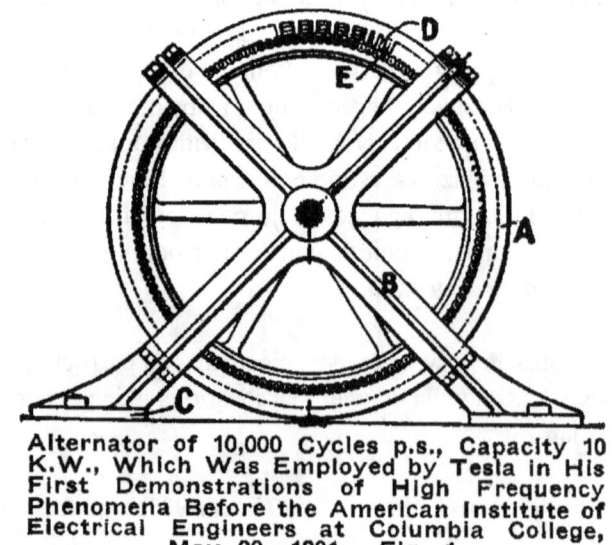

Alternator of 10,000 Cycles p.s., Capacity 10 K.W., Which Was Employed by Tesla in His First Demonstrations of High Frequency Phenomena Before the American Institute of Electrical Engineers at Columbia College, May 20, 1891. Fig. 1.

ZMIENIANIE ŚWIATA

Tak naprawdę nie musisz ratować świata. Nie POTRZEBUJEMY ujawnienia. Jesteśmy tutaj, aby się rozwijać. Ziemia mogłaby rozpaść się na milion kawałków i, jak tragiczne by to było, ostatecznie byłoby w porządku. Może istnieje równoległy świat, w którym to już się wydarzyło. Może istnieją ziemie, na których złoty wiek jest już w pełni rozwinięty (jak to się stało, że tu utknęliśmy?). To trochę zdejmuje z nas presję, prawda? Jesteśmy wieczni, odkrywamy i jesteśmy w każdej rzeczywistości, w każdym możliwym wyniku.

A co z podnoszeniem ludzkości? Dawanie siebie jest produktem ubocznym twojego wzrostu. To dobre uczucie. Więc kiedy się rozwijamy, jesteśmy zmuszeni dawać więcej. Jest to naturalny impuls i wynik twojej ewolucji. W miarę swojego wzrostu zrozumiesz, że wszyscy jesteśmy jednym i niesprawiedliwość wyrządzona jednemu jest niesprawiedliwością wyrządzoną wszystkim. Zdasz sobie sprawę, że tak naprawdę jesteś wszystkimi i wszystkim. To zabawny paradoks, bo chociaż kompulsywnie zaczniesz działać bardziej w imieniu wszystkich, zdasz sobie również sprawę, że nie musisz się martwić o innych "ty" na ich własnej drodze, ani o wynik tego wszystkiego. Każda osoba nadal ma swoją własną wolną wolę. Nie możesz nikogo kontrolować. Skup się na sobie, ciesz się tym wszystkim, a wszystko na końcu i tak okaże się doskonałe, nawet jeśli tak nie będzie.

Cokolwiek robisz, nie walcz z tym, czego nie chcesz. Osąd zakotwiczy w twojej rzeczywistości to, czego nienawidzisz. Kluczem do dotarcia tam, gdzie chcesz być, jest stan, gdy Wolisz zamiast Potrzebujesz. Więc kiedy myślisz o Rezerwie Federalnej i o przestępczej tyranii i zniewoleniu, którymi tak mistrzowsko manipulują, po prostu powiedz sobie: "Wolę...(tu wstaw swój wybór)". Jeśli jednak czujesz złość do tego syndykatu, oddajesz swoją władzę. A może też przeskoczysz do jakiejś równoległej rzeczywistości, w której Islandia jeszcze nie wykopała ich ze swojego kraju (tak, oni to zrobili i my też możemy!). Jak mówi przysłowie: To, czego najbardziej się boisz, przyciąga do siebie jak magnes. Ohyda.

Co robić? Podejmij zainspirowane działanie - zrób to, co cię ekscytuje! Uświadom sobie, że wszyscy jesteśmy jednością i kiedy pragniesz władzy, wolności lub suwerenności dla siebie, działaj w imieniu wszystkich w duchu miłości, a wszyscy razem dojdziemy do tego celu i zażądamy wszystkiego, co było nasze przez cały czas. Wyznacz sobie rolę, jaką chcesz odegrać w tym ekscytującym czasie i przede wszystkim ciesz się tym procesem. Życie ma być ZABAWĄ!

Chcemy podzielić się z wami naszymi preferencjami: abyście robili to, do czego czujecie się powołani i abyście szli tą drogą pomimo strachu, ignorując opinie wszystkich innych, łącznie z tym, co wam sprzedajemy z naszej strony. Jednakże, chwyciłeś za tę książki. Myślimy więc, że możesz chcieć stać się częścią wizji, którą wyraźnie widzimy dla naszej przyszłości. Bardzo by nam się podobało, gdybyś uczynił CE-5 częścią swojego życia, ponieważ #1, wiemy z pierwszej ręki, jaka to frajda, a #2, byłoby wspaniale, gdyby więcej ludzi rozpowszechniało wiedzę wśród wszystkich swoich bliskich o tym, że istoty pozaziemskie są prawdziwe, z dowodami takimi jak zeznania z pierwszej ręki naocznych świadków.

Nie potrzebujemy, aby ujawnienie nastąpiło szybciej, ale na pewno byłoby to miłe, nieprawdaż? Bądźmy częścią rzeczywistości, w której ujawnienie nastąpi wcześniej niż później, a my wszyscy będziemy mogli doświadczyć obfitości, na którą zasługujemy.

THE PEOPLE'S DISCLOSURE MOVEMENT
(RUCH LUDOWY NA RZECZ UJAWNIENIA INFORMACJI O UFO)

Jak możemy pomóc w rozwoju ruchu ujawniania informacji? Ruch ludowy na rzecz ujawnienia jest inicjatywą zorganizowaną przez grupę ludzi, którzy zdali sobie sprawę z siły wkładu zwykłych osób i dali temu wyraz w formie. Kosta Makreas założył ten ruch w październiku 2010 roku. Ruch ten uaktywnił tysiące ludzi na całym świecie. Przekształcił ludzi z "wierzących" w "wiedzących". Spowodował, że ludzie odebrali władzę rządzącym. Częścią tego ruchu jest "Globalna Inicjatywa CE-5", tak zwany "ETLet'sTalk", który od swojego powstania w 2010 roku, co miesiąc wysyła w teren zespoły kontaktowe ET. Możesz dołączyć do tej odlotowej społeczności rejestrując się na stronie http://etletstalk.com/.

Jesteś wpływową i integralną częścią ujawnienia. Temat UFO może być gorący. Naprawdę będziesz się denerwował chodząc dookoła "przekonując" ludzi o swojej prawdzie. Nie zawracaj sobie tym głowy - to strata czasu. Z perspektywy uniwersalnego prawa byłoby to zakotwiczenie tych ludzi i tej rzeczywistości, tak czy inaczej, w tobie - cokolwiek to jest, z czym walczysz, zakuwasz się w kajdany.

To, co możesz zrobić, to stać się ambasadorem ludzkości. Jest to proste:

- Organizuj comiesięczne spotkania CE-5.

- Kiedy twoja rodzina, przyjaciele i współpracownicy zapytają cię, co robiłeś w weekend, opowiedz im o tym. Kiedy organizujesz regularnie CE-5, zawsze masz jakieś wiadomości o UFO, którymi możesz się podzielić.

- Podziel się swobodnie tym, kim jesteś i jakie są Twoje pasje. Często mówię ludziom, gdy spotykam ich po raz pierwszy, że mam bzika na punkcie UFO.

To wszystko! Jak to działa? Przede wszystkim wprowadza to słowa takie jak UFO, istoty pozaziemskie, CE-5 itp. do codziennego słownika naszej świadomości jako całości. Każda przypadkowa wzmianka legitymizuje ten ruch.

Po drugie, twoja historia jest ważna. Dla przeciętnego człowieka, kiedy opowiadasz swoją historię, a nie prozelityzm, jest ona pociągająca i interesująca. Większość ludzi wierzy, że nie jesteśmy sami we wszechświecie. W mniejszej liczbie (ale jakoś głośniej) są sceptycy, którzy nie dadzą się przekonać nawet w obliczu niepodważalnych dokumentów, które ujawniają rządy. Jednak, gdy powiesz, że widziałeś razem z innymi świadkami niewytłumaczalne światło na niebie poruszające się w sposób, w jaki nie mogły poruszać się żadne inne konwencjonalne ludzkie statki, a ty nie byłeś na haju, w ich rzeczywistości pojawia się linia błędu. Jest to powoli przesuwające się pęknięcie, ale te zasadzone nasiona są ważne.

Jak Kosta stał się zainspirowany do tego, aby rozpocząć Ruch ludowy na rzecz ujawnienia informacji o UFO i wynikającą z tego sieć ETLet'sTalk:

"W lipcu 2010 roku, po prawie 4 latach chłonięcia szkoleń CE-5 i wielu udanych kontaktach z istotami pozaziemskimi, wiedziałem, że są setki, może tysiące ludzi na całym świecie, którzy robią to samo co ja.

"Wpadłem na pomysł: dlaczego nie połączyć nas wszystkich w jedną spójną społeczność? Może to podwoiłoby nasze wysiłki. Zapytałem mojego duchowego przewodnika, czy warto poświęcać czas, energię i wysiłek na "zorganizowanie" tak wielu osób na taką skalę.

"Byłem zaskoczony, gdy otrzymałem telepatyczną komunikację od czegoś, co rozpoznałem wtedy jako źródło istoty pozaziemskiej:

"Utwórz jak największą liczbę zespołów do nawiązywania kontaktów, w jak największej liczbie lokalizacji, tak szybko, jak to możliwe"

...te słowa pojawiły się w mojej głowie.

'"Co to da?'- zapytałem.

"Gdy więcej ludzi będzie prosić o zobaczenie nas na niebie, da nam to pozwolenie i możliwość pojawienia się w wielu innych miejscach na całym waszym świecie. Spowoduje to, że jeszcze więcej ludzi nas zobaczy... a to spowoduje, że kolejni będą prosić nas na jeszcze większą skalę, aby mogli nas zobaczyć. To pozwoli nam pojawić się w jeszcze większej ilości miejsc i tak dalej. Nazywamy to "pozytywnym kołem". Pewnego dnia dowody naszej obecności na niebie waszego świata będą zbyt przytłaczające, aby im zaprzeczyć.".

"Byłem zaskoczony tą informacją, a jednocześnie bardzo, bardzo szczęśliwy. Ich prośba była prosta, jasna i bezpośrednia!"

Dr Greer zachęca do tego samego. Ujawnienie nie jest już w kontroli rządów lub karteli. To już się dzieje i to od nas zależy, czy się uwolnimy. Greer inspiruje każdego z nas do działania z powiedzeniem, które zostało wpojone studentom w szkole medycznej:

"Naucz się, rób, nauczaj"

Dołączamy nasze głosy do tego chóru jako zaproszenie dla ciebie: załóż zespół i naucz innych jak zakładać własne zespoły. Bądź częścią jednego z największych, najbardziej ekscytujących ruchów, które pomogą zaprowadzić pokój na tej planecie.

UWAŻAJ NA PODZIAŁY

Wszyscy jesteśmy jednością. Kiedy kogoś potępiamy, ranimy samych siebie.

Kiedy słyszysz, że ktoś krytykuje inną osobę, pamiętaj, że każdy atak jest wołaniem o pomoc. Przebacz atakującemu. Powiedz coś podnoszącego na duchu o osobie, która została skrytykowana. Skup uwagę na uzdrowieniu osoby atakującej. Czego oni potrzebują? Większość ludzi chce tylko miłości. Pokochaj ich.

W miarę jak będziesz wzrastał w swoim oświeceniu, będziesz kochał wszystkich. Nawet Hitlera. Dzieje się tak dlatego, że w miarę jak ewoluujemy, stajemy się bardziej inkluzywni i mniej ekskluzywni. Lepiej też rozumiemy ostateczną rzeczywistość: przychodzimy w tej formie i robimy sobie nawzajem okropne rzeczy, wiedząc, że i tak na końcu wynik jest zapewniony, a to wszystko było tylko grą, abyśmy mogli doświadczyć, kim naprawdę jesteśmy. Jesteśmy Miłością. Kto może powiedzieć, że twój najgorszy wróg nie jest twoim najcenniejszym kochankiem, który doskonale odgrywa swoją rolę w tym życiu?

Czy uważasz, że ktoś jest głupi, zły, lub nawet jest agentem dezinformacji? Pobłogosław go, a następnie zignoruj. Pozwól mu prowadzić jego szalone życie. Czy myślisz, że nigdy nie miałeś poprzedniego życia, w którym nie byłeś rozwinięty na tym poziomie co teraz? Gwarantuję, że wszyscy zrobiliśmy ohydne rzeczy w poprzednich życiach, dawno temu. Straszne rzeczy, które gdybyśmy mieli o nich świadomość, nie bylibyśmy w stanie zasnąć do końca naszych dni.

Za każdym razem, gdy ktoś potępia kogoś innego, kontakt oddala się. Dotyczy to wszystkich. Kto zrobił ci coś złego? Twoja matka, brat, czy były kochanek? Wow - my wszyscy mamy pracę do wykonania!

> "Aby uzyskać otwarty kontakt musimy stać się bardziej spójni i przestać walczyć... odmowa podniesienia naszych wibracji jest decyzją o nienawiązywaniu kontaktu z cywilizacją, która wibruje znacznie wyżej od nas"
> - Daryl Anka/Bashar

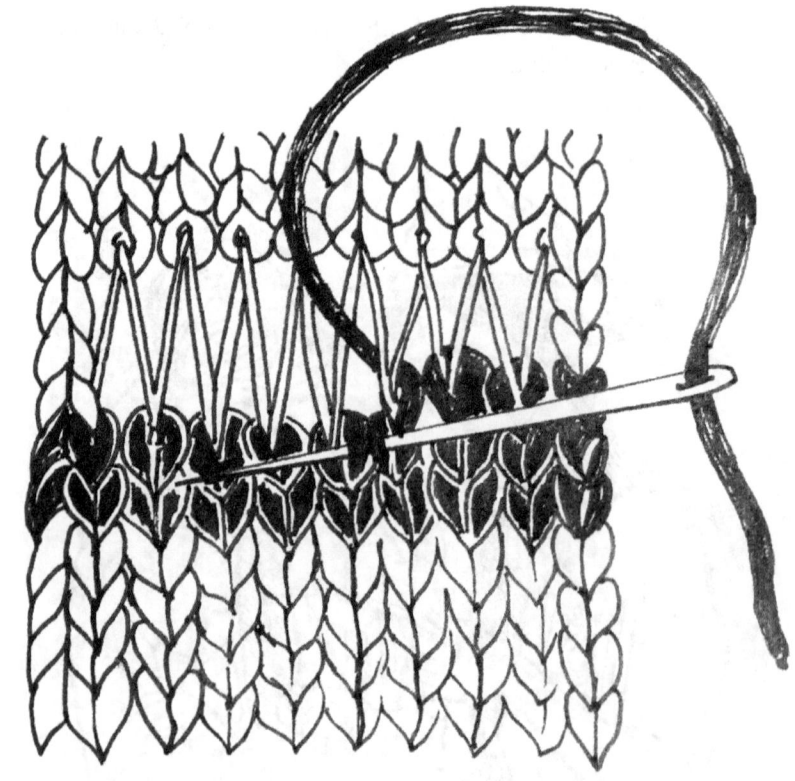

> "Jeśli nie zjednoczymy się w naszych podobieństwach, rozpłyniemy się w naszych różnicach"
> - Samoiya Shelley Yates

JAK ZNISZCZYĆ RUCH

Jeśli ogół społeczeństwa stanie się świadomy istnienia wolnej energii, systemy energetyczne, finansowe i władzy rozpadną się. Ci, którzy obecnie są u władzy, używają wielu sposobów, aby utrzymać swój dobrobyt i kontrolę. Agencje takie jak *Joint Threat Research Intelligence Group* (JTRIG) prowadzą programy mające na celu zrujnowanie reputacji, zszargania prawdy i zniszczenie ruchów. Mają takie motta jak: " Zaprzeczanie, zakłócanie, poniżanie i oszukiwanie ".

Niektóre z ich technik:

- "Wśród głównych celów JTRIG znajdują się dwie taktyki: (1) wprowadzanie wszelkiego rodzaju fałszywych materiałów do Internetu w celu zniszczenia reputacji swoich celów; oraz (2) wykorzystywanie nauk społecznych i innych technik do manipulowania dyskursem i aktywizmem w sieci w celu wygenerowania wyników, które uważa za pożądane".
- "Pułapki na miód" (wabienie ludzi do kompromitujących sytuacji przy użyciu seksu).
- "Przeprowadzane operacje fałszywych flag" (umieszczanie materiałów w Internecie i fałszywe przypisywanie ich komuś innemu).
- Fałszywe wpisy na blogach podając się za ofiary (udawanie, że jest się ofiarą osoby, której reputację chce się zniszczyć) oraz zamieszczanie "negatywnych informacji" na różnych forach.

Spójrzcie na ten slajd, część materiału instruktażowego do nauki agentów "grania" wynikami. Wierzymy, że świat CE-5 został już namierzony. Aby utrzymać siłę tego ruchu, musimy skupić się na naszej wspólnej ideologii, wspólnych przekonaniach i zjednoczyć się przeciwko tym, którzy nie chcą wolności dla wszystkich.

SECRET//SI//REL TO USA, FVEY

Rozpoznawanie i wykorzystywanie punktów załamania

Rzeczy, które zbliżają grupę do siebie

Wspólna opozycja
Wspólna ideologia
Wspólne przekonania

Napięcie

Osobista władza
Wcześniej istniejące podziały
Rywalizacja
Różnice ideologiczne

Rzeczy, które oddalają grupę od siebie

Przetłumaczone z: https://theintercept.com/2014/02/24/jtrig-manipulation/

PRZYSZŁOŚĆ

Zostawię was z krótką historią mojego 7-letniego syna, który został wprowadzony w temat istot pozaziemskich. Byliśmy w Parku Narodowym Banff, spakowani, aby po raz pierwszy wspólnie obserwować gwiazdy. Patrzyliśmy na Drogę Mleczną, a on uwielbiał wskaźnik laserowy. Powiedział, że to było jak szabla świetlna, która na zawsze wyleciała w kosmos. Zobaczyłam spadającą gwiazdę (lub smugę) i wskazałam mu, gdzie to było. Nigdy wcześniej nie widział spadającej gwiazdy i miałam nadzieję, że tej nocy zobaczy kolejną, ale pomyślałam, jak ma ją dostrzec, skoro tak szybko mijają? W jego wieku filtrowanie informacji ze świata zajmuje dużo czasu, a takie maleńkie, szybkie światełko byłoby bardzo trudne do wychwycenia. Kiedy patrzyliśmy w górę na gwiazdozbiory, powiedziałam mu, że szukamy również UFO i że wyglądają oni jak błyski aparatów fotograficznych. Bardzo się podekscytował i powiedział patrząc w niebo "Cześć kosmici!", a chwilę później zobaczyłam *flashbulb*! Za pomocą wskaźnika laserowego okrążyłam miejsce, w którym pojawił się błysk, a kiedy on skupił się na tym miejscu, obaj zobaczyliśmy w szybkim ciągu około 5 lub 6 kolejnych. Byliśmy tak podekscytowani, piszczeliśmy, śmialiśmy się i krzyczeliśmy w ciemności. Zapytał, czy to jest to, co robię, a ja odpowiedziałam: "Tak". Powiedział, że nie wiedział, że to taka zabawa. Powiedzieliśmy: "Dziękuję" i kontynuowaliśmy wskazywanie gwiazdozbiorów. Kiedy zrobiło mu się zimno, przygotowaliśmy się do wyjścia i powiedziałam patrząc na niebo "Cześć wszystkim!". On spojrzał w górę, pomachał i powiedział "Pa!". Natychmiast pojawił się jeszcze jeden wielki błysk! Z powodu jego jeszcze rozwijającej się zdolności do wyłapywania szybkich błysków jak ten, przegapił go, ale jak tylko wskazałam mu, gdzie to było, spadająca gwiazda przeleciała obok. Jego pierwsza spadająca gwiazda (albo streaker!). Spełniłam swoje życzenie dla niego. On wypowiedział życzenie dla siebie i weszliśmy do środka.

Wyobraźmy sobie świat, który pomagamy stworzyć naszym dzieciom, a które są już gotowe na jego przyjęcie.

Z miłością dla was wszystkich,
Cielia i grupa CE-5 z Calgary

SZABLONY DZIENNIKÓW CE-5

Użyj szablonów na następnych stronach, aby śledzić swoją pracę w terenie. Jeśli spełniłeś trzy kluczowe elementy (1. Połączenie ze świadomością jednego umysłu, 2. Szczere serce, 3. Jasna intencja), wierzymy, że będziesz miał przynajmniej jedną obserwację do czasu wypełnienia wszystkich sześciu dzienników.

CE-5 Dziennik 1

Data: _____

Miejsce: _____

Czas rozpoczęcia/Czas zakończenia: _____

Uczestnicy:

_____

_____

Agenda:

_____   _____
_____   _____
_____   _____
_____   _____
_____   _____
_____   _____
_____   _____

Wewnętrzne/zewnętrzne doświadczenia lub obserwacje:

_____
_____
_____
_____
_____
_____
_____
_____
_____
_____
_____
_____
_____
_____
_____
_____
_____
_____
_____
_____
_____
_____

CE-5 Dziennik 2

Data: _____

Miejsce: _____

Czas rozpoczęcia/Czas zakończenia: _____

Uczestnicy:

_____

_____

Agenda:

_____	_____
_____	_____
_____	_____
_____	_____
_____	_____
_____	_____
_____	_____

Wewnętrzne/zewnętrzne doświadczenia lub obserwacje:

_____

_____

_____

_____

_____

_____

_____

_____

_____

_____

_____

_____

_____

_____

_____

_____

_____

_____

_____

_____

_____

_____

CE-5 Dziennik 3

Data: _____

Miejsce: _____

Czas rozpoczęcia/Czas zakończenia: _____

Uczestnicy:

_____

_____

Agenda:

_____	_____
_____	_____
_____	_____
_____	_____
_____	_____
_____	_____
_____	_____

Wewnętrzne/zewnętrzne doświadczenia lub obserwacje:

_____

_____

_____

_____

_____

_____

_____

_____

_____

_____

_____

_____

_____

_____

_____

_____

_____

_____

_____

_____

_____

_____

_____

CE-5 Dziennik 4

Data: _____

Miejsce: _____

Czas rozpoczęcia/Czas zakończenia: _____

Uczestnicy:

_____

_____

Agenda:

_____   _____
_____   _____
_____   _____
_____   _____
_____   _____
_____   _____
_____   _____

Wewnętrzne/zewnętrzne doświadczenia lub obserwacje:

_____
_____
_____
_____
_____
_____
_____
_____
_____
_____
_____
_____
_____
_____
_____
_____
_____
_____
_____
_____
_____
_____
_____

CE-5 Dziennik 5

Data: _____

Miejsce: _____

Czas rozpoczęcia/Czas zakończenia: _____

Uczestnicy:

_____

_____

Agenda:

_____   _____

_____   _____

_____   _____

_____   _____

_____   _____

_____   _____

_____   _____

Wewnętrzne/zewnętrzne doświadczenia lub obserwacje:

_____

_____

_____

_____

_____

_____

_____

_____

_____

_____

_____

_____

_____

_____

_____

_____

_____

_____

_____

_____

_____

_____

_____

CE-5 Dziennik 6

Data: _____

Miejsce: _____

Czas rozpoczęcia/Czas zakończenia: _____

Uczestnicy:

_____

_____

Agenda:

_____   _____
_____   _____
_____   _____
_____   _____
_____   _____
_____   _____
_____   _____

Wewnętrzne/zewnętrzne doświadczenia lub obserwacje:

_____
_____
_____
_____
_____
_____
_____
_____
_____
_____
_____
_____
_____
_____
_____
_____
_____
_____
_____
_____
_____
_____

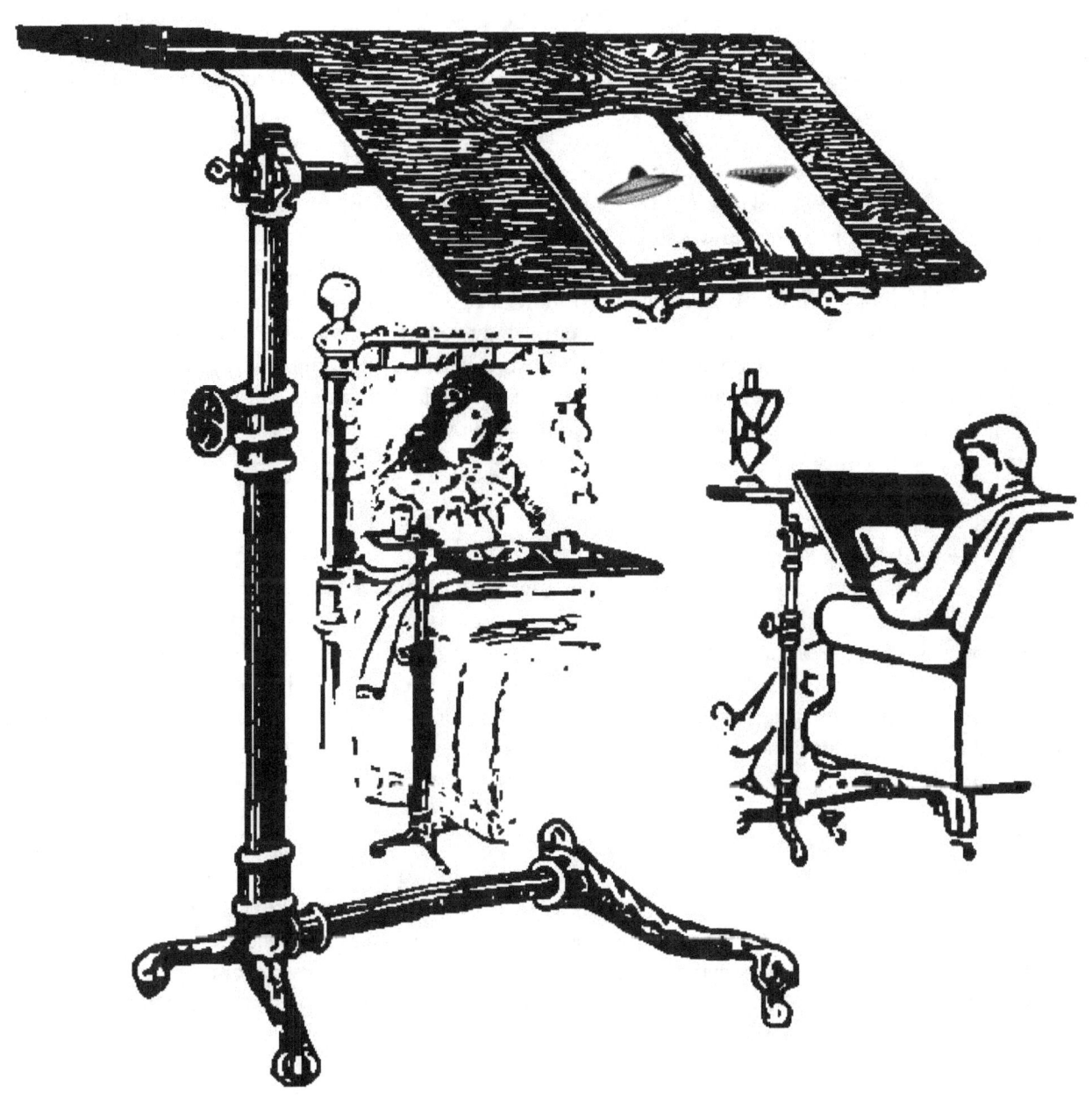

KTO JEST KIM W TYM ZOO

W świecie nawiązywania kontaktu i/lub CE-5 jest wielu znaczących współpracowników. Wielu z tych ludzi prowadzi obecnie wysiłki w celu komunikacji z istotami pozaziemskimi i możesz dołączyć do nich na organizowanych odosobnieniach.

Sixto Paz Wells - Hiszpania i Ameryka Łacińska
Sixto założył Rahmę w 1974 roku, pierwszą nowoczesną, zorganizowaną, międzynarodową grupę ET do kontaktowania się z istotami pozaziemskimi. Rahma została założona z misją połączenia cywilizacji istot pozaziemskich z ludźmi w najlepszym interesie dla planety i ludzkości. Sixto znany jest z przywołania międzynarodowej prasy do dziesięciu obserwacji przed ich wystąpieniem. Hiszpański świat ufologii różni się od angielskiego: w hiszpańskiej sieci informacje o obecności istot pozaziemskich na ziemi są o wiele bardziej dostępne, a kontakt z nimi jest bliższy i bardziej bezpośredni. Jest to prawdopodobnie wynikiem struktury ich bezpośredniego, jasnego i spójnego języka, który odzwierciedla świadomość kultury jako całości oraz ich gotowości do kontaktu. http://www.sixtopazwells.com/

Enrique Villanueva - Zachodnie wybrzeże, USA
Enrique dołączył do Rahmy w 1988 roku, a w 2009 roku założył grupę satelitarną w Los Angeles. Obecnie Enrique pracuje jako profesjonalny hipnoterapeuta w Kalifornii i każdego lata prowadzi odosobnienie kontaktowe w Mt. Shasta, oparte na protokołach kontaktowych Rahmy. Nie wiemy zbyt wiele o Enrique, więc niech ten cytat przemówi za niego. Mówi on: "Oni (istoty pozaziemskie) mówią, że najważniejszym kontaktem nie jest kontakt z nimi, ale kontakt wewnętrzny. Kiedy osiągniesz ten poziom, wtedy kontakt z nimi jest konsekwencją twojego przygotowania. Tak więc oni są zawsze otwarci i czekają, aż osiągniemy ten poziom i wtedy oni wywołają to doświadczenie dla ciebie. Jest to zaproszenie do rozszerzenia naszej świadomości. A oni już tu są. Nie potrzebujemy ambasadorów. Każda pojedyncza ludzka istota może być ambasadorem". https://www.facebook.com/enrique.villanueva.56, http://enriquevillanueva.weebly.com/

Dr Steven M. Greer - Południowo-wschodnie USA
Steven Greer, doktor nauk medycznych, był lekarzem pogotowia ratunkowego, którego życie niespodziewanie skręciło w świat istot pozaziemskich, korupcji rządowej, tuszowania, tajnych operacji, statków kosmicznych stworzonych przez człowieka, skonfiskowanych urządzeń wolnej energii, demaskatorów i informatorów. Począwszy od 1990 roku nauczał protokołu CE-5 poprzez grupę CSETI. Jest błyskotliwy, energiczny i bardzo lojalny wobec swojej często wymagającej ścieżki. W 2001 roku zainicjował *The Disclosure Project*, opublikował kilka książek i wyprodukował dwa duże oraz ważne filmy dokumentalne. http://siriusdisclosure.com/

Lyssa Royal Holt - Arizona, Japonia
Lyssa była członkiem założycielskim CSETI w latach 90-tych, a następnie przewodziła zespołowi kontaktowemu w Arizonie, gdzie wraz z grupą otrzymała więcej informacji na temat metodologii kontaktu poprzez swój proces kanalizowania. Od 2010 roku jej grupa zajmuje się wchodzeniem w kwantowe stany świadomości i pracą w nich. Jej książka *Prepare for Contact* jest niezbędnym podręcznikiem opisującym intymny związek pomiędzy obserwacjami, a rozwojem twojej świadomości. Możesz uczestniczyć w szkoleniach i specjalnych wydarzeniach z jej udziałem w Arizonie, Japonii i wielu innych miejscach. http://www.lyssaroyal.net/

James Gilliland - Północno-zachodnie wybrzeże, USA
James jest założycielem ECETI (Oświecony Kontakt z Pozaziemską Inteligencją), który znajduje się w dzikich rejonach stanu Waszyngton, gdzie długa historia obserwacji UFO sięga setek lat wstecz. Jest ono znane jako "The Ranch" i istnieje już od kilkudziesięciu lat. W pobliżu znajduje się Mount Adams i wewnątrz może mieć międzygalaktyczną bazę istot pozaziemskich - znamy kogoś, kto widział drzwi otwarte w górze, a następnie wlatujące i wylatujące UFO!! James jest miły, uprzejmy i pełen suchych dowcipów. Aby odwiedzić Ranczo należy najpierw poprosić o prywatne zaproszenie - wejdź na jego stronę internetową. http://www.eceti.org/

Kosta Makreas - Zachodnie wybrzeże, USA
Kosta jest spoiwem świata CE-5. Nawiązuje on udane kontakty z istotami pozaziemskimi od 2006 roku, a po drodze stworzył Ruch ludowy na rzecz ujawnienia informacji o UFO, Globalną Inicjatywę CE-5 oraz społeczność ETLet'sTalk. Społeczność ETLet'sTalk liczy ponad 20.000 członków w ponad 100 krajach. Kosta poświęcił swoje życie szerzeniu świadomości i nadziei poprzez swoje projekty, ułatwiając zwykłym ludziom wzmocnienie ich pozycji poprzez tę społeczność. Jednocześnie jest szlachetny i przyziemny. Jego urocza partnerka Hollis Polk współtworzy wraz z nim, ucząc ludzi jak rozpoznawać i rozwijać swoje naturalne moce psychiczne, aby stworzyć lepsze doświadczenia w nawiązywaniu kontaktu z istotami pozaziemskimi. To para ludzi sukcesu, z którą trzeba się liczyć. http://etletstalk.com/

Mniejsi gracze, ale uwielbiamy te osoby

Mark Koprowski – Tokio, Japonia
Pochodzący z Minnesoty, Mark, prowadzi w Japonii wydarzenia CE-5 od 2013 roku. Był na wielu odosobnieniach kontaktowych na całym świecie i wie, kto co i gdzie robi. Mark dał naszej grupie wiele wspaniałych rad, z których wiele jest w tym poradniku i które bardzo pomogły nam w naszym rozwoju. Mark pomógł nam również jako współautor tej książki. Jeśli odwiedzisz stronę internetową jego grupy lub stronę na Facebooku, znajdziesz tam kilka interesujących artykułów, filmów i raportów terenowych dotyczących CE-5, istotnych dla każdego na całym świecie, kto wykonuje CE-5. http://www.ce5tokyo.org

Deb Warren - OCSETI (Centrum badań inteligencji istot pozaziemskich Okanagan), Zachodnia Kanada
Deb jest naszą mentorką z sąsiedniej prowincji i prowadzi swoją grupę CE-5 z Vernon, BC. Poznaliśmy ją na jednej z jej licznych wypraw CE-5 po Kanadzie zachodniej, gdzie szczodrze spędzała lato, jeżdżąc od grupy do grupy przez wiele kilometrów, aby dzielić się swoją wiedzą i prowadzić pracę terenową z początkującymi. Była na tak wielu odosobnieniach Dr. Greera, że nie da się tego policzyć na palcach dwóch rąk. Zawsze chętnie służyła pomocą i wsparciem. Jesteśmy bardzo wdzięczni za wszystkie telefony i e-maile, na które odpowiedziała. Bardzo nam pomogła przy tworzeniu tego poradnika i wypełniła istotną lukę w części dotyczącej sprzętu. https://ocseti.wordpress.com/

POLECANE MEDIA

<u>Książki</u>

- *Preparing for Contact* (Lyssa Royal Holt)
- *Calling on Extraterrestrials* (Lisette Larkins)
- *Paths to Contact* (Jeff Becker)
- *The E.T. Contact Experience – CE-5 Handbook* (Peter Maxwell Slattery)
- *Evolution Through Contact* (Don Daniels)
- *Forbidden Truth, Hidden Knowledge* (Steven M. Greer)
- *Contact: Countdown to Transformation* (Steven M. Greer)
- *Unacknowledged* (Steven M. Greer & Steve Alten)
- *Exopolitics: Political Implications Of The Extraterrestrial Presence* (Michael E. Salla)
- *Galactic Diplomacy: Getting to Yes with ET* (Michael E. Salla)
- *Bringers of the Dawn* (Barbara Marciniak)
- *Becoming Gods* (James Gilliland)
- *The Orb Project* (Miceal Ledwith & Klaus Heinemann)
- *From Venus I Came* (Omnec Onec)
- *The Hathor Material* (Tom Kenyon)
- *Secrets of the Lost Mode of Prayer* (Gregg Braden)
- *Walking Between the Worlds* (Gregg Braden)
- *Electrogravitics Systems* (Thomas Valone, PhD.)
- *Defying Gravity* (T. Townsend Brown)
- *Love* (Leo Buscalia)
- *Rozmowy z Bogiem, Tom 4 – Przebudzenie gatunków* (Neale Donald Walsch)

<u>Podcasty</u>

- *CE-5 Minneapolis* prowadzone przez Paula Riednera. Wyprodukowano 13 odcinków.
- *As You Wish Talk Radio* prowadzone przez Jamesa Gillilanda.
- *Becoming a Cosmic Citizen* prowadzone przez Sierrę Neblina & Dona Danielsa.
- *Fade to Black* prowadzone przez Jimmy'ego Churcha.
- *Opens Mind UFO Radio*
- *The Grimerica Show* prowadzone przez Grahama & Darrena.
  Graham jest członkiem naszej grupy CE-5 od lat. On i Darren są na granicy eksploracji, zagłębiając się w szerokim zakresie fascynujących tematów, takich jak: świadomość, UFO, starożytne tajemnice, alternatywne rzeczywistości itp. Preambuła do każdego wywiadu jest tego warta dla samych ich żarcików i melodyjek. Lista gości obejmuje: Stanton Friedman, Jacques Vallee, Richard Dolan, Joseph Farrell i wielu innych. Koniecznie posłuchaj odcinka #243 z Grantem Cameronem i #220 z Kostą i Hollis.

<u>Strony internetowe i YouTube</u>

- **ET Let's Talk** - Wielokrotnie wspominano w tym poradniku, że ET Let's Talk posiada skarbnicę raportów CE-5, grup CE-5 i wiele więcej. ETLet'sTalk również promuje webinaria Danny'ego Sheehana. Danny jest prawnikiem specjalizującym się w prawie konstytucyjnym i interesie publicznym, mówcą publicznym, aktywistą politycznym i edukatorem. Regularnie rozmawia o Kosmicznej Ludzkości, medytacji i świadomości oraz pokrewnych tematach. http://etletstalk.com/
- **Sirius Disclosure** - Główny projekt Dr. Greera. http://www.siriusdisclosure.com/

- **Centrum badań inteligencji pozaziemskiej (CSETI)** http://www.cseti.org/
- **Oświecony kontakt z istotami pozaziemskimi (ECETI)** http://www.eceti.org/
- **ECETI Australia** - Zasoby CE-5 kierowane przez Petera Maxwella Slattery'ego. https://www.ecetiaustralia.org/
- **Peter Maxwell Slattery**- Kolejna strona internetowa Petera. https://www.petermaxwellslattery.com/
- **The Pete N Rae Pathways Show** tematy obejmują: CE5, świadomość, inteligencję nie-ludzką oraz wielorakie spektrum zjawisk związanych z kontaktem. https://www.youtube.com/channel/UCEdJ75f6ipFbKdUjGeGzMQQ
- **CE-5 Aotearoa** - Stowarzyszenie bez lukratywnego celu z siedzibą w Nowej Zelandii. Nowa Zelandia i międzynarodowe wydarzenia CE-5 i pokrewne modalności. https://www.ce5.nz/
- **JCETI Japan** - Japońskie centrum inteligencji istot pozaziemskich, prowadzone przez Grega Sullivana. Język japoński: http://www.jceti.org/, Język angielski: http://www.ce5-japan.com
- **Daryl Anka** - Medium istoty pozaziemskiej o imieniu Bashar. http://www.bashar.org/
- **Tom Kenyon** - Medium grupy istot pozaziemskich o nazwie Hathors. http://tomkenyon.com/
- **Richard Dolan** - Przez wielu uważany za najważniejszego obecnie autora i mówcę na temat UFO. https://www.richarddolanpress.com/
- **Samoiya Shelley Yates** – Ta Kanadyjka ze wschodniego wybrzeża miała doświadczenie bliskiej śmierci, gdzie spotkała istoty pozaziemskie, które powiedziały jej, jak można cudownie uratować życie jej syna i dać oparcie planecie w krytycznym czasie poprzez ułatwienie medytacji grupowych skupiających miliony ludzi. https://www.youtube.com/watch?v=Jqkr84IXkHo
- **Grant Cameron** - Ekstraszybki kanadyjski poszukiwacz UFO. Interesujący, inteligentny i zabawny. http://www.presidentialufo.com/
- **Michael Schratt** - Tajne operacje, reprodukcja pojazdów obcych i UFO. https://www.youtube.com/watch?v=pFWza6LTMrY (1 godz. 30 min.)

<u>Filmy dokumentalne i inne media</u>
- *Unacknowledged* (2017) Pierwszy dokument do obejrzenia. UFO cover up 101 (Na Netflixie).
- *Sirius* (2012) Chociaż wyprodukowane wcześniej, obejrzyj go. Zawiera CE-5 i badania genetyczne zmumifikowanego ciała istoty pozaziemskiej. https://www.youtube.com/watch?v=5C_-HLD21hA
- *Contact Has Begun: A True Story with James Gilliland* (2008) https://www.youtube.com/watch?v=V261_HKD4aQ
- *CSETI Working Group Training Materials* https://drive.google.com/file/d/1G5puPti9PvoQ0_2Rex0q_niQnb9ZBAiP/view
- TODO ES ENERGIA (Wszystko jest energią)
  Gustavo, członek naszej grupy CE-5 w Calgary, prowadzi hiszpańskojęzyczną grupę na Facebooku, w której odkrywa wszystkie rodzaje informacji na temat połączenia ciała, umysłu i duszy, w tym: przebudzenie, spiski, joga, istoty pozaziemskie, Reiki, uzdrawianie praną, kryształy, tarot, medytacje, zdalne widzenie, projekcja astralna, świadome sny, energia, mechanika fizyczna i kwantowa oraz akupunktura. Wpisz na Facebooku nazwę grupy, aby ją znaleźć i do niej dołączyć. https://www.facebook.com/groups/838503992965283/

(Aby uzyskać aktualne materiały, wejdź na stronę www.ETContactHub.com)

SŁOWNICZEK TERMINÓW

A

Agent dezinformacji: Kłamca, który przyjmuje pieniądze za rozpowszechnianie nieprawdy, aby oszukać ludzi

Ambasador: Przedstawiciel grupy

Arkturianie: Małe, zielonkawoniebieskie zaawansowane istoty z trzema palcami i oczami w kształcie migdałów

ARV: Statki wykonane przez ludzi za pomocą inżynierii odwrotnej z rozbitych UFO

Aurora: Zachwycający pokaz naturalnego światła występujący w pobliżu biegunów

C

CE-1: Bliskie spotkanie pierwszego stopnia (Widzenie statku istot pozaziemskich w promieniu ok. 152,5 m.)

CE-2: Bliskie spotkanie drugiego stopnia (Fizyczne dowody potwierdzające lądowanie lub statek)

CE-3: Bliskie spotkanie trzeciego stopnia (Zobaczenie istoty)

CE-4: Bliskie spotkanie czwartego stopnia (Interakcja z istotami/surrealistyczne spotkania/uprowadzenia)

CE-5: Bliskie spotkanie piątego stopnia (Komunikacja z istotą pozaziemską zainicjowana przez człowieka)

Ciało astralne: Część ciebie, która jest energią, która może podróżować niezależnie od twojego ciała fizycznego

Ciało lekkie: Część ciebie, która jest energią, która może podróżować niezależnie od twojego ciała fizycznego

Ciało niebieskie: Poruszająca się kula energii i/lub światła, występująca w wielu rozmiarach i kolorach

CSETI: Centrum badań nad inteligencją pozaziemską założone przez Dr. Stevena Greera

Czakra gardła: Centrum energetyczne w twoim gardle

Czakra korony: Centrum energetyczne znajdujące się na czubku głowy

Czakra podstawy: Centrum energetyczne w ciele u podstawy kręgosłupa/podstawy miednicy/genitaliów

Czakra sakralna: Centrum energetyczne w dolnej części brzucha, poniżej pępka

Czakra serca: Centrum energetyczne w sercu

Czakra splotu słonecznego: Centrum energetyczne w górnej części brzucha nad pępkiem

Czakra trzeciego oka: Centrum energetyczne tuż nad i pomiędzy brwiami

Czakry: Centra energetyczne w ciele idące w górę kręgosłupa i przez głowę

Częstotliwość: Tempo, w jakim poruszają się nasze elementarne części, gdzie wysokie wibracje = miłość, a niskie wibracje = strach

D

Demaskator: Ktoś, kto zdradza nielegalne sekrety nikczemnych ludzi lub organizacji

Didgeridoo: Australijski muzyczny instrument dęty wykonany z wydrążonej gałęzi

Disclosure Project, The: Kampania CSETI, która publicznie ujawniła informacje o istotach pozaziemskich

Domniemana gwiazda: Gwiazda o anomalnej charakterystyce, która może być UFO

Domniemany meteor, tzw. "streaker": Spadająca gwiazda, która może być UFO

Domniemany satelita: Satelita, który może być UFO

Doświadczenia poza ciałem (OBE): Bycie świadomym, kiedy twój duch wychodzi z twojego ciała

Droga Mleczna: Strumień gwiazd w postaci pasma na całym niebie, widoczny tylko w bardzo ciemnych miejscach

Dron: Pojazd powietrzny zdalnie sterowany przez człowieka znajdującego się na ziemi

E

ECETI (Enlightened Contact with Extraterrestrial Intelligence): Oświecony Kontakt z Pozaziemską Inteligencją – Grupa poszukiwaczy Jamesa Gillilanda

Energia: Niewidzialna, poruszająca lub pulsująca siła, z której jesteśmy zbudowani, dzięki której działa życie

Energia praniczna: Uniwersalna energia, siła życiowa, energia kosmiczna

Emisariusz: Ktoś wysłany z misją specjalną, zwykle jako przedstawiciel dyplomatyczny

ET: Istoty pozaziemskie

ETLet'sTalk: Strona do networkingu dla osób podekscytowanych CE-5

F

Fast walker (szybko chodzący): Termin nadany przez Dowództwo Obrony Północnoamerykańskiej Przestrzeni Powietrznej i Kosmicznej oznaczający szybkiego satelitę, rakietę lub szybkie UFO

Flary Iridium: Satelity, które kiedyś chwilowo łapały refleksy słoneczne i świeciły jasno

Flashbulb (flesz): Mały błysk na niebie przypominający flesz aparatu, czy gwiazdę szybko pojawiającą się i znikającą

FREE (Foundation for Research into Extraterrestrial Encounters): Fundacja Badań nad Spotkaniami Pozaziemskimi i Niezwykłymi Dr. Edgara Mitchella

G

Gaja: Spersonifikowane imię opisujące naszą żyjącą planetę

Globalna inicjatywa CE-5 (The Global CE-5 Initiative): Ruch ułatwiający comiesięczne zjednoczone globalne CE-5

Gwiezdna istota: Istota pochodząca z gwiazd

Gwiezdna rodzina: Inne określenie dla istot pozaziemskich, również odnoszące się do możliwego wspólnego przodka

H

Hathorowie: Zaawansowane istoty, humanoidalne, mistrzowie dźwięku, z delikatnymi uszami przypominającymi wachlarze

Hiper skok: Podróżowanie szybciej niż światło

Hybryda: Istota, która jest częścią człowieka i częścią innej istoty

I

Istoty anielskie: Istoty, które są niebiańskie/duchowe/jak anioły

Istoty niebiańskie: Istoty z innych rzeczywistości, takie jak duchy, anioły, wniebowstąpieni mistrzowie.

Istoty niefizyczne: Duchy, widma, byty itp. Każda istota, która nie posiada ciała fizycznego

J

Jasnoodczuwanie: Odczuwanie niefizycznych doznań lub energii w ciele

Jasnosłyszenie Słyszenie czegoś poza normalną zdolnością sensoryczną

Jasnosmakowanie: Smakowanie czegoś, co wykracza poza normalne zdolności sensoryczne

Jasnowąchanie: Wyczuwanie czegoś, co wykracza poza normalne zdolności sensoryczne

Jasnowidzenie: Spostrzeganie czegoś, co wykracza poza normalne zdolności sensoryczne

K

Kompleks wojskowo-przemysłowy (MIC): Niezrozumiałe, czerwone ramię rządu USA.

Kosmita: Istota, która nie pochodzi z Ziemi

Kosmos: Wszechświat, zwłaszcza harmonijny, dobrze uporządkowany

Kręgi zbożowe: Geometryczne wzory na polach rolników z anomalnymi, przekształconymi węzłami roślinnymi

L

Lwie istoty: Zaawansowane istoty o kocich i humanoidalnych cechach

M

Manifestacja: Końcowy rezultat tworzenia poprzez myśl, słowo i działanie

Mantra: Coś, co powtarzasz w kółko, aby pomóc sobie w medytacji lub skupieniu

Mechanika kwantowa: Fizyczna teoria zachowywania się bardzo małych cząstek

Medytacja: Trening koncentracji umysłu, połączenie się z jedną świadomością umysłu

Medytacja transcendentalna (TM): Technika medytacji stworzona przez Maharishi Mahesh Yogi

Merkaba: Boski pojazd świetlny wykonany przy użyciu intencji i świętej geometrii

Międzygwiezdny: "Między gwiazdami", często używane do określenia ogromnej przestrzeni i podróżowania przez nią

Międzynarodowa Stacja Kosmiczna (ISS): Stacja badawcza na orbicie kosmicznej, na której znajdują się ludzie

Międzywymiarowość: Posiadanie zdolności przemieszczania się między światami/rzeczywistościami/wymiarami

Misa dźwiękowa: Tybetański instrument muzyczny, który sprzyja głębokiej medytacji i relaksacji

N

Namaste: "Boskość we mnie pozdrawia boskość w tobie"

Naprowadzenie: Kiedy dajesz sygnał statkowi za pomocą wskaźnika laserowego lub światła reflektora, a on odpowiada

Negatywne istoty: Denerwujące, straszne, irytujące, ale ostatecznie niepoważne duchy, duchy lub energia

Negatywne istoty pozaziemskie: Prymitywne istoty z innego świata, które służą same sobie

Niebiański: Pochodzący z nieba

Nietypowe światło: Światło, które zachowuje się w sposób, którego nie da się konwencjonalnie wyjaśnić

Nisko lecący obiekt: Nisko lecące UFO

NORAD (North American Aerospace Defense Command): Dowództwo Obrony Północnoamerykańskiej Przestrzeni Powietrznej i Kosmicznej

Nordowie: Zaawansowane istoty podobne do ludzi kaukaskich pod względem formy

Nowy porządek świata: Opresyjny system totalitarny, którego klika nie zdołała wprowadzić w życie

O

Obcy: Istoty nie będące "stąd"

Obserwacja nieba: Obserwowanie nieba w poszukiwaniu czegoś, np. UFO

OCSETI (Okanagan Centre for Study of ET Intelligence): Centrum badań inteligencji istot pozaziemskich Okanagan

Om: Święta mantra w hinduizmie i buddyzmie tybetańskim, oznaczająca "dźwięk wszechświata"

Orbita geostacjonarna: W synchronizacji z ziemią (dla obserwatorów będących poniżej, obiekt nie wykazuje ruchu)

Orientacja: Zrozumienie swojej pozycji w lokalizacji (dla CE-5, pod niebem)

P

Plejadianie: Zaawansowane istoty, pod względem formy podobne do ludzi kaukaskich

Pobieranie: Energia lub informacja wprowadzona do twojej świadomości, wiedzy lub ciała fizycznego

Pobieranie energii: Energia mająca uzdrawiać, wzmacniać lub ulepszać

Ponowne zjednoczenie ze źródłem: Teoria, że wszystkie oddzielne części wszechświata połączą się ponownie

Porozumiewanie się z istotami kanałem mentalnym: Gdzie ktoś przekazuje komunikację od innej istoty (istoty pozaziemskiej lub niefizycznej)

Power-up: Ciało świetliste lub rozjaśnienia, które pojawiają się wokół gwiazdy, smugi, satelity, statku

Praca w terenie: Praca CE-5 wykonana na zewnątrz, w naturze

Prawo przyciągania: Zasada, według której uczucia (wibracje) i myśli tworzą manifestacje

Protokół: Ustalony sposób wykonania zadania

Przerwa bio: Przerwa w obradach wieczornych w celu zaspokojenia biologicznych potrzeb człowieka

Ptasie istoty: Wysokie, niebiesko upierzone, ptasie i humanoidalne zaawansowane istoty

Pudża: Sanskrycka pieśń lub modlitwa

R

Rada międzyplanetarna: Zgromadzenie ambasadorów istot pozaziemskich zapewniające zarządzanie i prawodawstwo

Refrakcja atmosferyczna: Mruganie gwiazd w pobliżu horyzontu spowodowane warstwami turbulentnego powietrza

Reprodukcja pojazdów obcych (ARV): Statki wykonane przez ludzi na podstawie inżynierii odwrotnej rozbitych UFO

Rezerwa Federalna: Prywatna korporacja, która opracowała usankcjonowany sposób kradzieży twoich pieniędzy

Rozbijanie chmury: Próba kształtowania lub przemieszczania chmur za pomocą intencji

Równoległa rzeczywistość: Możliwy świat lub światy, które współistnieją oddzielnie od naszego

Ruch ludowy na rzecz ujawnienia informacji o UFO: Organizacja, która promuje ujawnianie informacji przez ludzi

S

Scalenie: Złączenie się z inną istotą za obopólną zgodą

Siatka Becker-Hagens: Siatka, która pokrywa Ziemię, gdzie zbiegają się specjalne punkty energetyczne

Slow walker (wolno chodzący): Termin nadany przez Dowództwo Obrony Północnoamerykańskiej Przestrzeni Powietrznej i Kosmicznej oznaczający samolot

Sondy: Małe światła, które pojawiają się w pobliżu grupy i które mogą zbierać informacje

Stacja kosmiczna na pierścieniach Saturna: Stacja kosmiczna, która podobno znajduje się na pierścieniach Saturna.

Stan hipnagogiczny: Przejściowy stan podczas zasypiania lub budzenia się

Stan fal mózgowych Theta: Kiedy częstotliwości fal mózgowych są wolne, podczas medytacji, relaksu lub snu

Starożytne szkoły misteriów: Organizacje, które przechowują i chronią święte nauki

Streaker: Spadająca gwiazda, która może być UFO

Synchroniczność: Nie tylko przypadek - uniwersalne zbieganie się okoliczności

Szkoły misteriów: Organizacje, które przechowują i chronią święte nauki

Ś

Świadome śnienie: Stan podczas snu, gdy wiesz, że śnisz

Świadomość: Miłość. Albo świadomość. Albo wzrost. Albo Bóg. Albo ...

Świadomość bramińska: Stan umysłu równy wcielonemu bóstwu

Świadomość jednego umysłu: Umysł zbiorowy, świadomość zbiorowa, faza liminalna itd.

Świadomość kosmiczna: Zbiorowa świadomość wszechświata

T

Tajne operacje: Projekty wojskowe, które pochłaniają nieprzyzwoite ilości dolarów podatkowych

Telepatia/Komunikacja telepatyczna: Używanie umysłu do przekazywania/odbierania informacji

Teleskop Hubble'a: Jeden z największych i najbardziej wszechstronnych teleskopów wystrzelonych w kosmos

Telomer: Tarcze chroniące DNA na końcowym odcinku chromosomów

Tonowanie: Wydobywanie dźwięku samogłoski przez dłuższy okres czasu

Tony kręgów zbożowych: Anomalne dźwięki zarejestrowane w kręgu zbożowym

Transwymiarowość: Możliwość przemieszczania się między wymiarami

U

UAP: Niezidentyfikowane zjawiska lotnicze

UFO: Niezidentyfikowany obiekt latający

Ujawnienie: Kiedy prawda o istotach pozaziemskich zostanie ujawniona

Ulepszenie: Energia mająca na celu uzdrowienie lub skierowanie kogoś w pozytywnym kierunku

Uniwersalna jedność: Alfa i omega, wszystko, wszystko co istnieje

Uniwersalne prawo: Podstawowa struktura funkcjonowania życia (np. wszyscy jesteśmy jednością, dostajesz to, co włożyłeś)

W

Wewnętrzna komunikacja: Otrzymywanie informacji od innych istot, które pojawiają się wewnętrznie
Wibracja: Tempo, w jakim poruszają się nasze elementarne części, gdzie wysokie wibracje = miłość, a niskie wibracje = strach.
Wielki Duch: Lokalne określenie uniwersalnej siły duchowej (Stwórca, Bóg itp.)
Wielowymiarowe: Istoty, które mogą poruszać się między wymiarami
Wir: Specjalne miejsca o podwyższonej energii lub masa wirującej energii
Wniebowstąpieni mistrzowie: Istoty, które osiągnęły oświecenie
Wniebowstąpienie: Ewolucja duchowa
Wojskowe statki kosmiczne: Statki wykonane przez ludzi za pomocą inżynierii odwrotnej z rozbitych UFO
Wolna energia: Umiejętność uchwycenia nieskończonej energii, która nas otacza
Wymiary: Różne rzeczywistości/światy, mogą być skategoryzowane jako 3D, 4D, 5D itd.
Wzrost: Opis uświadamiania sobie swojej prawdziwej natury

Z

Zdalne postrzeganie: Proces wojskowy, który gromadzi informacje poprzez dostęp do zbiorowego umysłu
Zenit: Część nieba znajdująca się bezpośrednio nad tobą
Zewnętrzna komunikacja: Otrzymywanie informacji od innych istot, które występują w rzeczywistości 3D
Złoty wiek: Przyszła era na Ziemi o cechach utopijnych
Zniekształcone niebo: Nietypowy wygląd części nieba (fale ciepła, migotanie, ciemność)
Zorze polarne: Zachwycający pokaz naturalnego światła występujący w pobliżu biegunów

Ź
Źródło: Inna nazwa Boga, Stwórcy, Wszechświata, Świetlistej Nieskończoności itp.

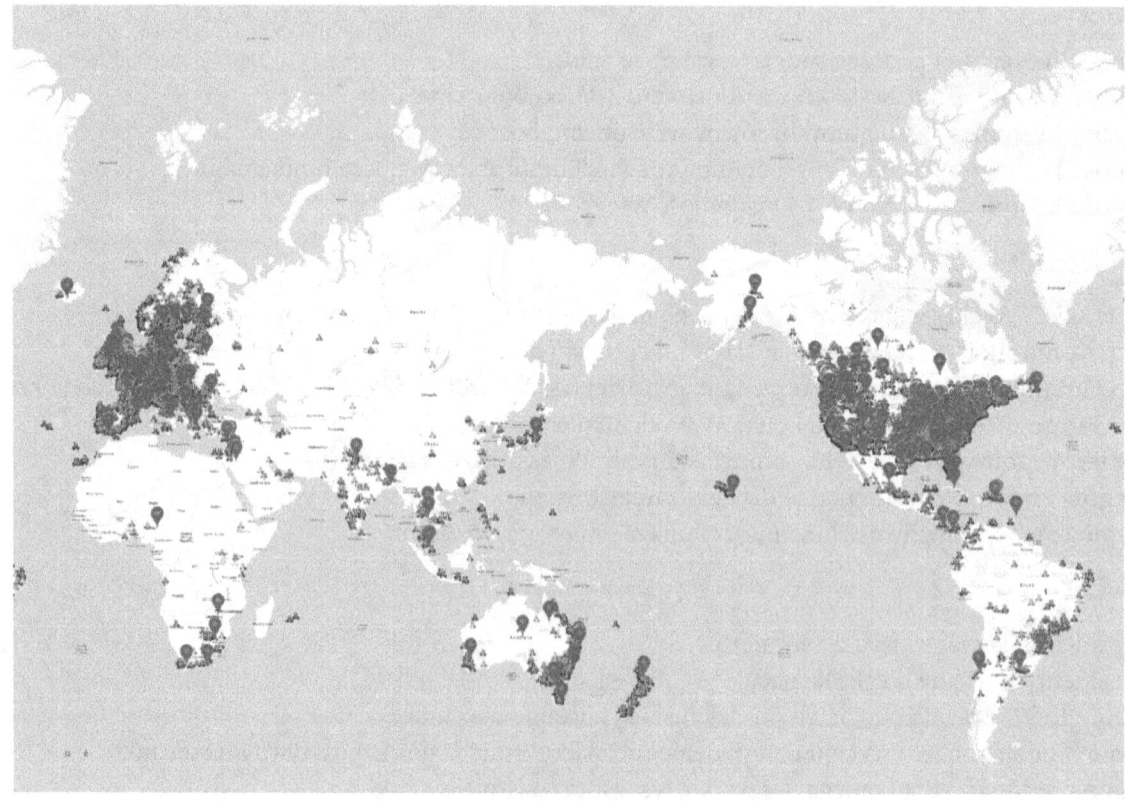

Zarejestrowani członkowie obu głównych serwisów networkingowych CE-5

www.ingramcontent.com/pod-product-compliance
Lightning Source LLC
Chambersburg PA
CBHW081003140626
46546CB00018B/3181